1 MONTH OF
FREE
READING

at

www.ForgottenBooks.com

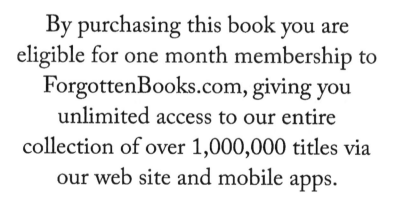

By purchasing this book you are eligible for one month membership to ForgottenBooks.com, giving you unlimited access to our entire collection of over 1,000,000 titles via our web site and mobile apps.

To claim your free month visit:
www.forgottenbooks.com/free923025

ISBN 978-0-260-02526-5
PIBN 10923025

DE LA CONSTITUTION,
EN GÉNÉRAL.

CHAPITRE PREMIER.

Les élémens du Corps Politique sont dans les qualités propres et individuelles de l'homme ; et ces qualités sont si éloignées à présent de l'état de nature,
leurs rapports si difficiles à saisir , dans le progrès de
la corruption sociale , qu'il faut l'œil perçant de la
philosophie pour les démêler , dans un état primitif totalement interverti parmi les hommes , par la foiblesse,
la force , et la dépravation que leur combinaison ac-
célère.

Il importe cependant à chacun de les connoître ;
pour se convaincre que la révolution qui s'opère ,
est fondée sur l'utilité et la justice , et ne pas la con-
fondre avec ces insurrections brusques et passagères ,
qui bouleversent un État sans le réformer , et qui
n'ont leur principe que dans une effervescence populaire et momentanée.

La liberté naturelle ne peut être abrogée que par le
pacte social , parce qu'elle ne trouve sa compensation
que dans la liberté politique qui en est le complément
et la force ; cette liberté est aussi nécessaire au Corps

A

Politique, pour se constituer tel, ou faire des lois, que la volonté propre à l'individu, pour qu'il y ait quelque moralité dans ses actions; car les lois ne sont que la volonté générale, et il implique contradiction qu'il y ait des lois là où il n'y a pas de liberté. Jamais un despote ne donna des lois; il peut forger des fers, mais les lois et la liberté sont aussi inséparables, que la volonté et la force sont contraires; et comme chacun ayant le domaine de sa propre volonté, ne peut être forcé dans l'essence de son être sans le perdre, de même le Corps politique ne peut aliéner ou perdre la liberté sans être dissous à l'instant; toute domination sur lui est impossible : les audacieux qui ont cru l'opprimer quelquefois, et le tenir sous leur dépendance, se sont déçus : ils ont combattu un fantôme, et leur victoire a été aussi ridicule que leur entreprise. Pour dominer les hommes, il faut empêcher le Corps politique de naître, ou le dissoudre.

Qu'on demande à présent à qui appartient la puissance législative? Cherchons des peuples libres, et cette puissance leur appartient exclusivement. Combien de peuples donc, qui ne sont pas régis par des lois, et qui sont asservis, sans avoir de gouvernement; car c'est l'ouvrage de la Constitution, et ces deux choses ne sont pas identiques.

CHAPITRE II.

De la Constitution et du Gouvernement.

TOUTES les sociétés sont des aggrégations d'hommes qui n'ont pu contribuer au pacte social que par les qualités propres et individuelles de leur nature : chacun a porté à la masse commune ce qui appartient à des êtres intelligens et corporels; savoir, la volonté et l'action. Le rapport de ces deux facultés distinctes en elles-mêmes, et réunies dans le même sujet, est une merveille de la nature attentive à veiller à la conservation des êtres ; il falloit, en effet, que le pouvoir et l'action fussent réunis dans le même individu, pour le rendre durable. Son existence tenoit nécessairement au désir de la conserver, et à la force pour la défendre.

Mais dès-que les hommes réunis ont formé de toutes leurs volontés une volonté générale, et de toutes leurs forces particulières, la puissance publique, ces deux choses ont été nécessairement séparées. La Constitution est le résultat de la volonté générale, mais la force de la maintenir dans tous ses rapports, bien que dérivant de la souveraineté des ~~actions,~~ *ne* peut être exercée par elles, parce qu'elles ne peuvent être en même-temps le souverain et le ministre, ni obéir comme les sujets, et en même-temps commander, ni descendre à des actes particuliers de gouvernement, étant la volonté générale. Le pouvoir législatif appartient donc à la Nation, et le pouvoir exécutif, au gouvernement établi par elle. Cette distinction découle de la nature des choses, et n'est pas arbitraire.

Car si le gouvernement pouvoit réunir ces deux pouvoirs, et avoir lui seul la volonté et l'action, il n'y auroit plus de pacte social ; ce n'est plus une Nation dont on parle, mais une seule ou plusieurs personnes qui dominent sur une aggrégation d'autres, par leurs facultés individuelles, et qui emploient à l'avilissement de leurs semblables, les qualités que la divinité avoit réparties à chacun, pour conserver l'égalité primitive : c'est une extension ridicule du pouvoir particulier, uniquement relatif à une personne privée, d'où il arrive que cette volonté appliquée au gouvernement, concentre tout à elle, qu'elle ~~décore~~ les hommes, comme l'homme de la nature les fruits dont il appaise sa faim ; que la force de l'homme devient usurpation, qu'un seul se dit le propriétaire et le maître des autres, et que dans ses fureurs il fait le ridicule étalage d'une puissance exorbitante et d'une foiblesse extrême.

Combien n'est-il pas étonnant que ce régime soit
ui de presque tout l'univers ! que l'homme ne soit
npté qu'en raison de sa servitude, et qu'il ne vaille
n par lui-même qu'à assouvir l'égoïsme de ses
ître. Tel le lion ou le léopard ne compte que pour
les espèces inférieures à sa force, et leur donne uni-
ement par ses ravages toute l'utilité relative qu'elles
uvent avoir. Encore n'est-ce pas sur sa propre es-
ce qu'il les exerce, il étoit réservé à l'homme de
vilir jusqu'à l'esclavage, ou de se corrompre jusqu'à
surpation ; ce n'est pas même le dernier terme de sa
pravation, elle va jusqu'à lui faire chérir ses fers, et
l'indigner contre la liberté que lui donna l'auteur
s êtres. Mais si tout l'univers étoit sous le joug, et
l'un seul homme le tint asservi, le pacte social n'exis-
roit pas pour cette aggrégation d'esclaves, parce
le la réunion des pouvoirs est impossible.

Loin de les réunir, on ne peut que les ordonner ;
c'est en cela que consiste l'exercice de la volonté
énérale, qui de sa nature ne pouvant être transmise
divisée, parce qu'elle est elle-même un être col-
ctif, peut bien communiquer le pouvoir, mais non
as l'exercer elle-même.

La loi résulte de la volonté générale ; mais son ap-
lication est un acte de magistrature ; et le magistrat
'est pas le souverain, mais son ministre. L'autorité
ouveraine n'est pas pour cela divisée ; car le gouver-
ement ou la puissance exécutive, n'est pas une partie
e la souveraineté, mais une émanation. Le souverain
une existence propre, le gouvernement la tient de
ii ; et dans aucun cas, il ne pourroit faire la consti-
ition ; ce seroit prendre l'effet pour la cause, et
onfondre deux choses que l'Assemblée Nationale
istingue avec tant de sagesse, et qui se déduisent de
a nature du Corps politique. Les exemples frap-
ans des Républiques de la Grèce et de Rome, qui
lans le délire de la liberté, choquant le principe de
eurs constitutions, voulurent les mettre quelquefois
lans les mêmes mains, doivent en faire sentir le dan-
;er. Ce fut, sans doute, une des causes de leur dé-

cadence , d'avoir voulu appliquer le pouvoir législatif à des objets de gouvernement , et la souveraineté à des actes particuliers qui amenèrent l'ochlocratie dans la démocratie , l'oligarchie dans l'aristocratie ; et dans toutes , la dissolution du Corps politique , et les usurpations. Combien ce désordre étoit-il éloigné de l'égalité primitive !

CHAPITRE III.

Du bonheur des circonstances présentes.

Lorsque l'homme de la nature eut besoin de sa force contre ses semblables , pour satisfaire à ses besoins , la confédération fut nécessaire , et l'état social sauva l'espèce humaine de la destruction. Les conventions furent alors substituées aux droits de la nature ; et dans leur disparité , se trouva le ferment destructeur qui , dès la naissance du Corps politique , le mine sans cesse , et dont les peuples ne peuvent soutenir la corruption extrême , sans se dissoudre dans l'anarchie , ou s'abymer dans le despotisme , si la machine n'est remontée à l'instant , et si la renaissance de la volonté générale ne lui imprime de nouveau le mouvement et la vie.

Heureusement les élémens qui composent le Corps politique , sont aussi durables que l'espèce humaine , et ne vieillissent pas plus qu'elle. Mais , si des circonstances , plus impérieuses que la raison ou l'équité, forcent bien souvent d'en faire un tout hétérogène , en y mêlant des principes disparates , doit-on être étonné que ce composé bisarre , abrège encore le période de sa durée.

Ainsi Rome se renouvellant par la démocratie , fut forcée de conserver le Sénat, qui fut toujours aristocratique ; et dans la lutte continuelle du peuple contre lui, on alla jusqu'à choquer le principe même

A iij

licita de la liberté publique : les ~~publicistes~~ parurent défendre la Constitution , et en effet l'attaquèrent.

L'Angleterre , dans des circonstances plus malheureuses , mettant en équilibre des résistances qu'elle ne pouvoit surmonter , fonda sur des flots de sang une constitution admirée de toute l'Europe ; mais la chambre des Pairs obtenant par droit de naissance , ce qui n'appartient à personne que par élection , les communes furent obligées de partager la souveraineté , qui de sa nature est indivisible , et pour payer les grands de leur protection , il fallut plus balancer leur puissance , qu'ordonner les pouvoirs de la constitution.

Admirons le bonheur des circonstances présentes , et les hautes destinées de la France ! arrivée à ce terme , où l'excès même des maux éclaire sur les abus , et où les lumières rendent les abus intolérables, elle a vu l'intérêt public renaître de ses cendres, les restes de la barbarie féodale disparoître avec les préjugés antiques ; la volonté générale a dissipé dans un instant les prestiges de plusieurs siècles d'erreurs et d'usurpations : la propriété de l'état sur des biens incohérents à un ministère spirituel qui sembloit les avoir consacrés , a été reconnue : la distinction des ordres a disparu , un seul intérêt réunit la nation , et sur ce site majestueux que nulle élévation ne défigure , va s'élever l'édifice de la constitution française.

Mais ne nous dissimulons point les difficultés qui nous environnent , et qu'il faut résoudre. Cet acte antérieur à tout autre , par lequel un peuple se donne à lui-même son premier degré d'être , est l'effet de la volonté générale ou souveraine ; car , dit Montesquieu , la volonté du souverain est le souverain lui-même , être factice et néanmoins indivisible , incommunicable comme la volonté ; chez les anciens , la volonté générale se composoit des suffrages du peuple assemblé , pour être portée dans une assemblée des représentans chez les modernes , elle n'en est pa la plus parfaite et la plus analogue des constitutions à nos temps et à nos mœurs. Ce n'est pas que la volonté générale puisse jamais être dénaturée, il faut que nos députés l'apportent intègre à l'Assemblée Nationale, et c'est en même-temps leur devoir et leur récompense ; je doute qu'il y en ait de plus considérables.

Jamais la volonté générale ne peut être méconnue, l'assentiment universel l'annonce toujours avec solennité. Voyez avec quelle énergie ces commotions se sont propagées dans toute la France ; si la guerre civile ne s'est pas allumée au choc des résistances, c'est qu'elles étoient trop foibles, et que l'unanime déclaration de la volonté générale l'a rendue impossible. Toujours une, toujours bonne dès qu'elle existe, cette volonté est l'unique base de toute constitution légitime, aussi doit-elle la perpétuer à son tour, en fixant ses caractères d'une manière irrévocable, pour les jours d'obscurcissement ou d'usurpation. La nécessité de l'accorder avec les droits de l'homme, n'est pas moins indispensable.

A'PITRE IV.

order le droit de l'homme avec la
Constitution.

loi, dit Domat, commande d'aimer
conde les hommes ; d'où il infère que
ient de Dieu, puisque les hommes
ce premier être, seul capable de
ureux, une même source de bonheur
as par un amour mutuel, et c'est de
que selon lui, dérive l'état de société.
est belle, elle est sacrée ; mais elle
lication aux choses existantes : si le
avoit perfectionné l'état de nature,
de ces deux lois, les hommes absorbés
de leur Créateur, heureux de ~~leur~~ *son*
neroient entre eux nécessairement ;
résulteroit un état de félicité, qui
térêts opposés, les divisions ; ce seroit
e de bonheur, tout-à-fait disparate
amais il n'auroit fallu de lois ; l'amour
roit toujours prévenues ; quelles in-
rer, quelles propriétés à conserver,
es ? La lumière qui éclaire tous les
age de cet état ; le miope, ni le
: pas à se plaindre de la part qu'ils
elle est toujours proportionnée à leurs
facultés sont satisfaites, l'égalité seroit
cet ordre de choses, et l'exclusion
société ; car une société dans laquelle
n à conserver, est chimérique, et
e propriété, suppose une usurpation,
étoit primitivement établie.
ge des lois sociales, puisées dans le
nité, se réduit à des mots : le premier

priété , fut le premier crime , et la pre-
ie des lois. Aussi Domat qui regarde la
mme le fondement le plus naturel de
a société , convient qu'elle n'est pas par-
dement des lois ; et que même , là où elle
, son esprit n'y règne pas , de sorte que
vent les règles ; et que la providence se
iour-propre des hommes , qui a succédé
raternel , pour les assujetir aux travaux,
irces et aux liaisons de l'état social, Dieu
iour cela de la corruption de l'homme.
donc pas de l'exercice de ces deux pre-
, que naît la société ; mais de leur viola-
tat social dérive du désordre et de l'é-
a. Une usurpation fut l'origine de toutes
des associations pour s'y maintenir , des
is conserver ; voilà l'origine du droit des
i droit civil ou politique. L'égalité fut
droit , à la place s'établit à flots de sang
é meurtrière ; chacun dut acquérir
imunir contre l'usurpation ; plusieurs s'u-
envahir ou pour conserver ; les associa-
mèrent ; et de l'état de guerre , nâquit
, qui à tous égards lui est identique.
iété est le véritable objet de la constitu-
ccasion de toutes les lois ; elles seroient
is n'avoient point de possessions à régler.
ncipe de toute sociabilité , étant en con-
ivec le droit d'égalité inhérent à notre
les lois ayant pour objet de le pervertir
ger , est-il surprenant qu'il réagisse sans
e elles , et que du choc résultent les
, les ravages et les crimes ; les lois ,
ment pour les prévenir , et toujours pour
Dans ce nouvel ordre de choses l'homme
s suivre les appétits de la nature , il ne va
fins primitives , elles sont changées ; il
e laisse entraîner en sens contraire , au
les lois ont formé , que sa raison lui
tus nouvelles , et qu'elle le préserve des

vices qui sont à côté d'elle, et qui n'étoient point dans sa nature ; de là, les belles actions et les forfaits ; les prodiges du patriotisme et de la scélératesse ; la puissance et les richesses, la misère et l'avilissement ; la suprême justice et la souveraine iniquité ; les attentats de l'égoïsme, et ceux du désespoir.

Ces maux résultent de l'état de guerre qui constitue la société. Si les propriétés cessent d'être sacrées, et les lois de veiller et de les maintenir à flots de sang, l'anéantissement de l'état social s'ensuit. Aussi les lois comptant pour rien les personnes, pour conserver les choses, prisent bien moins la vie d'un homme, que les propriétés d'un autre ; elles protégent toujours celui qui a, contre celui qui n'a pas ; et les qualités communes et sublimes que la main de Dieu imprima dans le fonds de notre être, que sont-elles à leurs yeux ? Rien, elles ne considèrent que les qualités distinctives, qui divisent les hommes par classes, comme des êtres de différentes espèces, et ne comprennent dans aucun, ceux qui n'ont uniquement que les dons de la nature, et ces facultés merveilleuses, dont le Créateur doua l'être qu'il destina à le connoître, et à l'adorer. Quelle prodigieuse différence, d'un homme à un homme (1), et à quelle distance de la nature, se sont placées les institutions ? les plus sages ne comptèrent pour rien les droits de l'homme ; mais profitèrent de sa dégradation même, pour asseoir leur puissance ; toutes les anciennes républiques eurent des esclaves, et tandis que le Souverain continuellement assemblé, établissoit pour lui la plus grande liberté civile, et goûtoit à loisir les charmes de l'égalité politique, des hommes dégénérés de l'état de nature cultivoient les terres de la république,

_____

(1) Le Philosophe considère un insecte, le riche en écrasant son semblable, pense écraser un insecte.

sacré ; et dans le même systême de gouvernement furent compris, la plus grande liberté et le plus dur esclavage. La propriété défigura le plus magnifique ouvrage de la création, et donna lieu en même - temps à la plus sage institution de l'homme corrompu. Mais pour en profiter il faut passer de l'ordre naturel, dans la classe des propriétaires ; car tout individu qui n'étant pas sorti de l'ordre primitif, n'a que son être physique, est un être de rebut ; il est réduit à se promener tristement chez des êtres d'une autre espèce ; car il n'est pas de celle des propriétaires, il leur est étranger. Chez les Antropophages, la première cabane seroit son auspice ; sa qualité d'homme et ses besoins, ses titres pour les satisfaire ; car le sauvage n'est pas encore totalelement dépravé par les lois de la propriété ; mais chez les peuples policés les besoins d'un malheureux propriétaire sont des attentats ; et ses mains, des armes que l'ont craint autant que la hâche, dont il se seroit imprudemment armé en entrant chez le sauvage. Heureux si évitant d'être mis sous la garde des lois, il rencontre à la fin la main lente de la charité, et s'il ne lui en coûte que la liberté pour se rassasier du vil pain de l'aumône.

Cependant, pourroit-il y avoir d'injure, s'il n'y avoit pas de propriété ? Ce droit est établi ; mais n'est pas antérieur à celui de la nature. Que prononcera la raison, sur une convention préjudiciable à un tiers, qui a intérêt à cette convention, et dont il est exclu néanmoins ? Dans l'état primitif, le progrès de l'individu périssoit avec lui ; chacun en naissant, partant du même point, l'égalité n'étoit pas rompue ; mais par nos institutions, le pauvre trouvant le propriétaire affermi dans une longue possession, où prendra-t-il sa part, s'il a droit d'en avoir une ? ou s'il naît sans aucun droit, il faut douter aussi qu'il soit un homme.

Tout a changé dans l'état social, le pauvre seul n'a point changé ses rapports naturels : faut-il pour cela les anéantir, ou les mettre en opposition, ou les concilier, s'il se peut ? Ce dernier parti me paroît meilleur, que d'accumuler des lois criminelles, et de doubler le mal sans le guérir. Si vous fondez la possession sur la force, l'usurpation puissante est tout aussi bien fondée.

Voulez-vous, dira-t-on, intervertir l'ordre public ? Voulez-vous, dirai-je, fouler aux pieds la nature ? Ne faisons ni l'un ni l'autre ; mais tachons d'accorder deux choses qu'on ne peut détruire, et qui subsistent indépendament. Si leur opposition résulte de l'état de société, c'est à elle à vaincre les obstacles qu'elle fait naître, les difficultés sont bien considérables sans doute ; mais la raison, et l'équité le sont bien plus encore. Cette recherche n'est pas moins nécessaire, ni moins importante, pour avoir été négligée ; et si la puissance publique s'est appliquée long-temps à conserver les propriétés par des prohibitions ; il est temps d'y ajouter les moyens de les acquérir, pour multiplier les citoyens, en multipliant les propriétaires, et d'employer à les faire naître, ce qu'il en coûte pour l'avilissement de l'homme, et pour l'entretien de la misère. Que ne peut-on pas attendre de la puissance créatrice de l'ordre moral, et de ses efforts dirigés par la philosophie, pour briser les grandes propriétés particulières, et en ramener les parcelles vers la classe indigente, sur-tout dès que ces subdivisions ne seront plus attendues d'un luxe destructeur de l'égalité, des mœurs, et de l'honnêteté publique ?

CHAPITRE V.

De la communauté de biens.

UNE constitution dans laquelle le droit civil n'auroit pour objet que de maintenir l'égalité pri-

mitive, seroit sans doute la plus parfaite des insti
tutions politiques : la nation seroit propriétaire
comme l'étoit le genre humain, et les citoyen
usufruitiers; les lois n'ayant point de propriété
particulières à régler, seroient en raison inverse de
nôtres, et n'auroient à statuer, que sur le droit de
gens; il y auroit une proportion de force et de puis
sance entre les Nations voisines; et nulle entre le
individus de l'état. Tel étoit sans doute le gouvei
nement patriarchal; tel fut celui de Lacédémor
et de Crète, et lorsque Platon proposa là commu
nauté des biens, il en avoit devant lui les exemple
Mais aujourd'hui ils ne seroient point applicables
le genre humain est trop vieux, pour lui propos
un arrangement de famille, qui d'ailleurs ne pourro
convenir qu'à de petits états, dans lesquels l'amoi
de la patrie devroit être plus fortement concenti
que dans les républiques anciennes, pour suppléer au
travaux qu'elles confioient aux esclaves, et qui r
partis à présent entre les Citoyens, avec la plu
exacte équité, auroient encore l'inconvénient de l
distraire des affaires publiques, de les occuper e
même-temps de la législation et des subsistances
de la souveraineté et des travaux de la républiqu

Dans cet état de choses, cependant, se trouvero
le complément de l'égalité, et de la liberté natu
relle; les associations auroient aggrandi les forc
des individus, et l'état social auroit été le plus gran
des biens pour l'espèce humaine; le droit de pr
priété n'étant que le droit des gens, seroit étak
sous la plus exacte équité, par l'équilibre qui sul
sisteroit entre les nations, ou par la possibilité c
l'établir : les corps politiques seroient respectiv
ment entr'eux dans l'état de nature, ou pourroiei
y rentrer; le droit du premier occupant, seroit
loi de l'Univers, chaque État garantissant et défei
dant ses propriétés respectives.

Mais les individus propriétaires étant sortis c
l'état de nature, tandis que les pauvres y soi
restés; cette garantie du corps politique a un eff

CHAPITRE VI.

Des lois relatives à la Constitution & aux droits de l'homme.

CE que je vais dire en faveur du pauvre tient à la constitution de tout État libre; et cette considération est ici de la plus grande importance.

Peu importe quel que soit le gouvernement, dès qu'il tient son être de la constitution et qu'il ne peut pas se substituer à elle; mais s'il est monarchique, il importe principalement que les appuis du pouvoir arbitraire soient ôtés, et qu'à leur place soient établies des lois, qui toutes tendent à l'égalité et qui ne favorisent pas les distinctions, mais qui les effacent, pour que les lois civiles ne soient pas en opposition avec les principes démocratiques, et n'en opèrent pas un jour la subversion, ce qui ne manqueroit pas d'arriver, si le gouvernement étoit contraire à la constitution, ou s'il prenoit quelque ascendant sur elle, tandis qu'elle doit le modifier à son gré et lui donner l'impulsion qu'il doit suivre. Or, la liberté tend toujours à l'égalité et ne peut se soutenir que par elle ; le riche ou le puissant que le vulgaire encense, est un être dangereux dans la société ; les distinctions et la considération qui l'entourent, sont à contre sens ; loin de le favoriser à l'excès, les lois devroient le circonscrire d'entraves, pour briser les grandes propriétés qui choquent les principes de la constitution, en même-temps qu'elles déshonorent l'humanité et contrarient la Nature.

Le droit de primogéniture, étoit inconnu chez les anciens Francs, il répugnait à leur égalité d'origine, les fiefs devenus perpétuels l'introduisirent parmi eux, aussi ont-ils l'un et l'autre la même origine, dans cet esprit de la féodalité, qui outrant le droit de propriété voulut encore le conserver, quand on avoit cédé le domaine, et le prolonger sans mesure.

Voyez comment les lois civiles sont relatives à la constitution, combien il importe qu'elles le soient ; et s'il nous convient de conserver celles qui furent utiles au plus inique de tous les gouvernemens, qui créèrent des distinctions odieuses, et des forces qui repoussèrent si loin d'elles, la liberté et les droits de l'homme, qu'on les crut anéantis pour toujours.

Abolissez donc le droit d'ainesse, les substitutions, les retraits linagiers, les majorats ; tous ces moyens furent inventés pour l'avilissement des ~~actions~~ ; mais que par le partage continuel des successions, les fortunes se subdivisent sans cesse, et reprennent une heureuse tendance vers l'égalité. Cette tendance n'est pas chimérique puisqu'elle est au pouvoir des lois.

Ce fut par elles que Licurgue établit l'égalité la plus absolue, à la place de l'inégalité la plus extrême qui eût jamais existé ; elle fut même le motif de sa réforme ; et la plus grande disparité dans les fortunes, lui donna lieu de réunir l'état de nature à la constitution politique.

Le législateur des Hébreux fonda de même l'égalité sur le partage de la terre de Chanaan en parties égales, et pour la conserver, il établit le droit de

rentrer dans les aliénations la quarante-neuvième
année révolue ; loi sage qui n'a pas cependant été
imitée.

On ne produit pas ici ces exemples pour qu'ils soient
suivis, mais en preuve de ce que peuvent les lois,
contre l'abus du droit de propriété ; si c'est à elles
de le maintenir, il ne leur appartient pas moins
de le modifier conformément à la constitution et aux
droits de l'homme.

L'ordre des successions chez les Romains étoit
dérivé du partage des terres et destiné à le maintenir ;
la loi civile des successions tenoit à la loi politique,
personne ne devoit la troubler par une volonté particulière. Quand dans la suite il fut permis de tester,
ce ne fut que dans une assemblée du peuple ; et
cet acte particulier du citoyen se convertissoit en
un acte de la puissance législative. Tant est intime
le rapport des lois civiles à la constitution ; tant il
importe de faire correspondre les unes aux autres !
Ainsi la loi des successions pour maintenir l'égalité
des partages, est nécessaire dans un État populaire ;
mais quand par une complication de causes, ou par
l'effet de cette loi même, mal dirigée, les propriétés se sont accumulées sur un petit nombre de têtes,
et que quelques citoyens ont beaucoup tandis qu'une
infinité d'autres n'ont rien, il faut se hâter d'abolir ou
de réformer les lois des successions ou le droit de
tester ; c'est pour n'avoir pas fait cette observation,
ou pour avoir négligé d'écouter les clameurs qui
l'indiquoient, que le pouvoir indéfini de tester ren-
versa, chez les Romains, la disposition politique sur
le partage des terres ; ce fut la cause la plus active
de leur corruption et de la subversion de la république. Dans la suite Justinien ôta jusques au moindre
vestige du droit ancien sur les successions et les testamens ; je le crois bien, il consolidoit un pouvoir
despotique sur les ruines de la république ou de
l'égalité.

La suppression des droits féodaux et la liberté du
rachat des fiefs, est le dernier coup que la raison et
l'équité

l'équité ont porté à ces droits iniques et barbares qui
avoient ennobli la terre et dégradé l'homme, en l'at-
tachant à la glèbe, comme un végétal, ou comme
une bête de somme ; tout étoit ennobli la lance à la
main, et l'aborigène qui cultivoit la terre, étoit serf ;
le scandaleux catalogue des compositions étoit le
tarif public de la vie des hommes, les meurtres
étoient classés parmi eux, comme les cottes d'un impôt. Ces droits et ces coutumes absurdes avoient disparu, la plupart, par le progrès des lumières, et la maturité de la raison ; les fiefs dont ils dérivoient, restent encore, comme les racines antiques de ce tronc
vermoulu : la faculté de se racheter, achevera de les
arracher lentement et sans efforts ; et cette loi sage,
en maintenant à cet égard la propriété, ôte le moyen
de s'en prévaloir et l'espoir de conserver ou de faire
revivre des droits dangereux pour la liberté, et des-
tructeurs de l'égalité.

Les bonnes lois en amènent d'autres ; et quand on
procède dans l'analogie et l'esprit de la constitution,
on ne peut errer ; les substitutions étant abolies, de
même que le droit de primogéniture, et la coutume
qui s'en étoit introduite dans tous les états, ayant disparu, il est bien naturel d'abolir aussi le droit de
prélation, non moins dangereux ; il accumule les
propriétés dans les mains du riche, qui ne dit
jamais c'est assez, et qui ajoute toujours terre à
terre, comme s'il avoit lui seul à satisfaire aux besoins
d'une agrégation d'individus. Si cette loi n'est pas
assez générale, parce qu'elle ne porte que sur les
possédans fiefs, la puissance législative peut opposer
à ce débordement de la cupidité, une fixation de
propriétés territoriales, au-delà de laquelle il ne soit
permis à personne de passer.

Je veux ici prévenir une objection, qu'on n'auroit
pas honte de me faire. Les riches diront, qu'en pa-
roissant établir la liberté, je la détruis en effet. Oui,
celle de dévorer la substance du pauvre et de fouler
aux pieds les droits de la nature ; celle qui choque le
principe de la constitution, et qui transforme le ci-

B

toyen en ennemi de l'égalité politique, celle-là doit
être sacrifiée sans ménagement; c'est ainsi que la nature attentive à la conservation des espèces, se met
peu en peine des individus, et assigne des bornes à
leur existence, en répandant d'ailleurs des torrens
de vie.

CHAPITRE VII.

*Institutions de bienfaisance relatives aux droits de
l'homme et de la Constitution.*

L'ÉCLATANT spectacle des vertus sociales et le nouvel ordre des choses qui en est résulté dans l'univers,
ravit sans doute d'admiration; mais il est temps que
le progrès des lumières et la maturité de la raison
agrandissent des sentimens exclusifs qui contristent
la nature et décèlent la foiblesse d'un être qui sem-
bleroit ne pouvoir s'agrandir que dans une seule di-
mention, et qui pour avoir une vertu, se priveroit de
toutes les autres.

Voyez l'austère Lacédémone, étouffant le cri de
la nature, commettre à des magistrats l'examen des
enfans nouveaux nés, pour ne les admettre à l'existence que lorsqu'ils les jugent capables de porter un
jour les armes pour la patrie. Voyez toutes les anciennes républiques, déshonorées par la multitude
de leurs esclaves et de leurs malheureux prolaitères;
et Rome même, marchant vers l'accomplissement de
ces hautes destinées, à travers des flots de sang, et
concentrant chez elle le germe de la liberté, pour ne
répandre au dehors que la servitude et l'avilissement.

Ces contrastes excitent à la fois l'étonnement et
la pitié; une indignation secrète éloigne le prestige
de l'admiration : la sensibilité se révolte, et la raison
se refuse à déclarer grand, ce qui avilit des droits

citer la commotion dans tous les cœurs ; pour cela ne séparons pas les vertus et les lumières , et livrons-nous ensuite à l'enthousiasme de la liberté ; c'est alors qu'elle est capable de faire de grandes choses , et que les droits de l'homme ne seront pas étrangers au patriotisme. Pour en juger , qu'on observe à la Caroline les institutions du Licurgue Américain , et l'entreprise plus magnanime encore de ce Turnbull, qui s'indigne de la servitude des Grecs , en mémoire de leur ancienne liberté ; il franchit la distance qui le sépare de ces peuples dégénérés ; il va leur offrir des biens dont ils ont perdu le sentiment , et les transporte par milliers à la Floride , où il achète des terres , pour les établir et les constituer libres et heureux.

Quel est l'ancien peuple qui avec ces vertus exclusives , auroit donné cette base à sa constitution ; et qu'auroit dit Licurgue , lui-même , si on lui avoit proposé de faire des Ilotes , qu'il avilissoit par politique , un peuple libre et vertueux ? Pour parvenir à cette élévation , il faut réunir les droits de l'homme à la liberté civile ; et dans les institutions politiques , respecter la nature. Jamais les anciens ne seroient parvenus à la grandeur par ce chemin ; jamais ils ne l'auroient recherchée dans l'abolissement de l'esclavage , et dans la suppression de la traite des Nègres. Cependant ce consolant spectacle sera donné à l'univers ; l'attentat le plus atroce et le plus inconcevable contre l'espèce humaine sera réparé ; et cette révolution qu'il est si honorable , pour les insurgens , d'avoir provoquée , sera l'effet de l'esprit de liberté , qui parcourt l'univers pour défendre les droits de l'homme.

Il faut pour cela multiplier les petites propriétés , après avoir modéré les richesses illimitées ; car si chacun avoit quelque chose , et que personne n'eût

rien de trop , l'état social seroit avantageux à tous.
Pour parvenir à ce point, ou au-moins pour y tendre , il s'agit bien moins de soulager l'indigence , que
de l'empêcher de naître , et nos institutions de charité sont absolument insuffisantes à cet égard , puisque
ce n'est pas là leur objet , et que leur multiplicité
même nuit à leur application : chacune d'elles est
circonscrite dans le cercle étroit qui bornoit l'entendement de l'instituteur ; quelquefois inepte , mais
toujours révéré ; ainsi une vertu qui devroit multiplier ces formes à l'infini , est restrainte à des objets
particuliers ; et tandis que les administrateurs scrupuleusement attachés à leur institut , disputent entr'eux , ou sur les limites de leurs œuvres respectives,
ou sur leur application , l'humanité reste souffrante ,
et le malheureux en proie à des maux ou à des besoins impérieux , demeure exposé à leurs rigueurs ou
à celles des lois , dont le glaive est toujours levé
sur lui.

Ainsi les hôpitaux et les autres institutions de ce
genre , sont dirigés à contre-sens ; pour profiter de
leurs secours , il faut renoncer à l'espoir de toute
propriété , et à la liberté sans laquelle on ne peut rien
acquérir. Toute cette manutention est triste et rebutante ; elle est dérivée de l'esprit monastique , elle
entretient comme lui la paresse , l'horreur du travail,
une apathie avilissante dans les pauvres , et dans les
administrateurs un esprit de domination , contraire à
l'esprit public , et une vanité ridicule qui conduit à
des dépenses d'éclat , à des bâtimens , à des accessoires qni absorbent le principal objet de l'institution,
ou qui la font dégénérer en une opération de finance
et d'économie numéraire, qui porte toujours à rétrécir
l'œuvre charitable pour entretenir l'aisance du coffre,
où vont s'engloutir et se perdre pour le pauvre , les
dons et les libéralités des riches que la foiblesse de
l'âge ou la petitesse de l'esprit empêchent de juger
de l'institution révérée , et qui ne savent pas que les
vertus sont personnelles.

Quel est le cœur sensible qui pourroit calculer les

dangers de la révolution qui doit arriver dans le cœur
de l'homme, avant d'atteindre au dernier période
de la misère, ou de l'avilissement; il faut y être par-
venu cependant, pour prétendre aux secours publics;
si les liens de l'amour paternel, et de l'attachement
filial, sont ici rompus, que doit-ce être de tous les
autres, lorsque le père a conduit sa famille à l'hôpital, comme on mène les malfaiteurs à la géole, ou
que le fils a renfermé son père, dans ce tombeau
de la liberté, quelle autre vertu voulez-vous qui
reste dans leur ame ? Administrateurs ineptes et
cruels, vous vous plaignez des vices que vos institutions ont fait naître, et vous redoublez de sévérité
pour réprimer des maux que vous accumulez. Pourquoi croyez-vous être vous-même des êtres si impor-
tans et si supérieurs à ceux que vous opprimez ?
c'est que vous avez des propriétés ; donnez-leur
des moyens d'en acquérir, et bientôt ils seront ce
que vous êtes ; car la plupart d'entre vous, n'étoient-
ils pas comme eux, dans la misère et l'abjection ? aux
difficultés qu'il vous a fallu vaincre pour parvenir, à
la bassesse qu'il vous a fallu conserver pour vous
maintenir, à l'heureux concours de circonstances que
votre prudence n'a pas assemblées, mais rencontrées,
substitués pour le pauvre, des moyens honnêtes d'acquérir, le scandale de la pauvreté disparoîtra d'au-
milieu de nous.

Ce n'est pas ici une exagération : les événemens
de la vie et les accidens de la fortune, sont variables
à l'infini ; des établissemens dont l'objet est perma-
nent et déterminé, ne peuvent donc pas les réparer,
encore moins des établissemens qui sont destinés à
perpétuer la misère, et non à la détruire, et qui s'oc-
cupent sans cesse des effets, au-lieu d'ôter les causes.
Est-il juste d'ailleurs d'accumuler les hommes, comme
un troupeau de bétail, rassemblé pour l'intérêt ou la
commodité, et de ne leur accorder la vie qu'au prix
de leur liberté, et l'existence de toute leur postérité ?

De telles institutions ne remplissent pas les obli-

gations de l'état : c'est à lui à former des établisse-
mens relatifs aux droits de l'homme et à la constitution. Les moyens qu'on va proposer ne sont pas
sans difficulté sans doute, si on en trouve de meilleurs, on fera bien de les suivre ; mais qu'on se souvienne toujours que les pauvres et les malheureux
sont des hommes, et qu'il importe d'en faire des
citoyens.

Je suppose ici deux préalables remplis : le premier,
l'abolition des taxes sur les consommations qui grèvent le pauvre, parce qu'il les paie de son nécessaire ; et parce qu'étant toujours regardé comme
fraudeur, il s'accoutume à cette réputation désastreuse qui l'avilit. Le second, que les commerces
étrangers cessent d'être protégés particulièrement ;
car ceux qui font valoir les productions du sol, sont
infiniment préférables à ces commerces étrangers
qui accumulent l'argent dans quelques mains, et
entretiennent un luxe destructeur. La prospérité des
commerçans n'est pas toujours le gage de la prospérité publique, quoiqu'on ait pris bien souvent, l'une
pour l'autre.

Ceci posé, faisons une fois un institut de bienfaisance patriotique, qu'on appellera, si l'on veut,
la Bourse Civique. Le luxe doit fournir à son entretien, et je conjecture que cette vieille manie
de la vanité des grands et des riches ne finira pas
de sitôt, qu'elle ne puisse fournir long-temps à ces
dépenses. Quand elle n'y fournira plus, le luxe qui
aura disparu, sera une assurance certaine qu'il n'y
aura plus d'indigence, et que la médiocrité des fortunes aura ramené la prospérité publique. Jamais
les lois somptuaires n'auroient opéré un si grand
bien.

Qu'on établisse donc des taxes, sur les dorures,
les coiffures, et le luxe des hommes et des femmes, sur les chevaux, les voitures, la livrée, les
hôtels, les ameublémens, l'argenterie, sur les spectacles, les académies de jeu, les cafés ; enfin sur
cette multitude prodigieuse d'objets de luxe et de

frivolité. L'assise d'un impôt ne sauroit être plus, facile, les objets de luxe ne sont tels que pour être vus, et c'est à se montrer qu'ils sont nécessairement destinés. On a dit que ce luxe étoit nécessaire ; à la place de cette maxime scandaleuse et très-douteuse, on pourra être assuré que cette fois il sera très-utile.

Le premier objet de cet établissement vraiment patriotique, sera de fournir aux avances de la culture, et aux subsistances des malheureux propriétaires des terres, que l'inclémence des saisons, des procès ruineux, une mortalité de bestiaux, ou même l'impéritie, auront réduit dans l'indigence ; des secours fournis à temps les feront profiter de leurs fautes même ; le bien qui leur sera fait s'étendra à plusieurs générations, que la misère auroit empêché de naître.

La suppression des droits féodaux fournira l'occasion de donner aux pauvres habitans des campagnes une infinité de petites propriétés, en achetant pour eux des communaux, des réserves ou autres objets, en leur fournissant des bestiaux, des outils de défrichement, des semences, et tous les moyens nécessaires pour établir, dans le premier séjour de l'homme, la paix et le bonheur.

Les classes industrieuses ne doivent pas être oubliées, mais secourues dans l'ordre de leur utilité ; quelle foule de bienfaits à répandre, quelle source de malheurs et de vices sera fermée au profit des vertus domestiques et des bonnes mœurs publiques! que de Citoyens rendus à l'Etat dans ces classes nombreuses d'artisans, que l'orgueil a déclarées viles, et que la raison préfère à cette foule d'histrions et de baladins, de marchandes de modes et d'académies de prostitution ! que d'heureux mariages encouragés, que de ménages restaurés par le secours de la bourse civique, qui, sans accessoires dispendieux, versera l'abondance et le bonheur !

Le commerce est de tous les états le plus orageux ; s'il conduit quelquefois à la fortune, il mène souvent à des malheurs, qui se propagent comme les incendies, ou comme ces tremblemens de terre, qui se font sentir à de grandes distances. Ces événemens si désastreux pour les ames sensibles, et si dangereux même pour les cœurs pervers qui en profitent, éteignent la sensibilité de l'ame, et augmentent la dépravation de l'esprit de commerce, qui est toujours opposé à l'exercice des vertus morales; une certaine rigidité d'intérêts, entretient un état de guerre dans la classe mercantile; et dans ce froissement général, dans ce choc d'intérêts divers, l'homme le plus honnête est toujours écrasé; la vertu a bien souvent l'apparence du crime, tandis que la rapacité la plus odieuse se pare de la considération la plus révoltante. Que d'erreurs et de vices, de misères et de bassesses, la bourse civique va-t-elle détruire, par des encouragemens et des moyens fournis à propos aux petits commerçans, les plus utiles de tous, sur-tout à ceux qui font ouvrir les matières territoriales, les laineries, les objets d'utilité générale! Que d'ames honnêtes arrachées à l'ignominie, et de familles maintenues dans un état de médiocrité, dont la perte nuisible aux particuliers l'est à la société même, par le contraste de l'éducation et de l'infortune, qui fait qu'un homme élevé pour une certaine situation, n'est plus propre à une autre, et qu'il forme une dissonnance dans la société, dont il faut également arracher le luxe et l'indigence!

A qui confiera-t-on l'exécution de cette belle œuvre, qui, à la honte des nations, n'a pas encore été faite? Si d'un côté ce choix est peut-être aussi difficile que l'institution, cette administration est si honorable par elle-même, que ne pouvant être qu'une récompense, les services rendus à la Patrie, dont le Peuple est toujours si bon juge, indiquent naturellement en quelles mains elle doit être remise.

Cette sublime magistrature doit être comme toutes les autres, à la nomination du Peuple de chaque

canton , personne ne doit être éligible qu'il n'ait
été député à l'Assemblée Nationale ; et qu'il n'ait
bien mérité de la Patrie dans cette fonction auguste.
Les Ecclésiastiques doivent en être exclus , trop
de préjugés les entourent , trop de motifs de préférence les aveuglent , l'ordre sacerdotal ne devroit
jamais être distrait , mais renfermé dans ses fonctions immédiates ; elles sont trop disparâtes de
l'ordre social pour les réunir ; je doute que la saine
politique les appelle de nouveau aux Assemblées
Nationales.

Je compare cette magistrature à la censure , elle
procède comme elle de la puissance du corps politique , et l'honnêteté publique en est l'objet ; l'un
en réformant les mœurs maintient l'égalité ; l'autre,
en effaçant les disproportions de la fortune , empêche le vice de naître ; toutes les deux sont exercées
au nom de la Patrie , et dans les applications elles
dépendent de la vertu du magistrat ; le censeur est
le ministre de la vertu civile , et l'administrateur de
la bourse civique sera celui de la sensibilité naturelle qu'il prête au corps politique , qui ne pourroit
pas l'exercer par lui-même.

Il suit de là que rien ne peut borner l'étendue
de ses fonctions , et qu'il n'en est responsable qu'à
l'opinion publique , qui est en même-temps sa règle
et sa récompense. Une simple note des sommes
qu'il a fournies , et que personne ne peut impugner ,
est nécessaire pour constater chaque année la situation de sa recette et de sa dépense ; ce pouvoir
enfin si voisin de l'abus ne peut en être soupçonné ,
et ne peut être utile que parce qu'il est illimité.
On doit le renouveller sur une autre tête à l'époque
de chaque législature ; car cette magistrature la plus
honorable ; seroit aussi la plus pénible si ses travaux n'en étoient eux-mêmes le prix , ou s'il y en
avoit de plus grand pour la vertu que de rendre
des citoyens à l'État et de faire des heureux.

Que deviendroient alors tous les accessoires qui
sont nécessaires aux hôpitaux lorsqu'ils seront inu-

tiles eux-mêmes ; ces établissemens gothiques , qui
fatiguent sans cesse le public d'une misère qu'ils
entretiennent , s'écrouleront sur eux-mêmes , si l'on
ne faisoit encore mieux de les détruire à présent ,
comme on fit en Angleterre du temps d'Henri VIII ,
et d'employer leurs inutilités à des secours effectifs.

Je ne connois pas à cet égard d'établissement
mieux fait que celui des dames de la charité dans
plusieurs villes du Royaume ; sans accessoires dispendieux , on va droit au but , et les pauvres malades
sont secourus sans les accumuler dans des salles
où l'air circule beaucoup moins que la mort , sans
arracher un père d'au-milieu de ses enfans , sans
réléguer un enfant loin des yeux maternels , on
va porter la consolation dans le sein des familles ;
ce soin est confié au génie de la bienfaisance , et
appartient naturellement à ce sexe compatissant et
sensible , dont la vertu se perfectionne dans la
foiblesse , et dont la foiblesse se change en force
quand il suit son penchant à la sensibilité. Ces
œuvres n'auroient besoin que d'être un peu agran-
dies et délivrées de cet esprit de parcimonie qui se
ressent du voisinage de l'hôpital ; il ne faudroit
pas que la seule effervescence de la fièvre déter-
minât les secours ; mais qu'au-lieu de mesurer sans
cesse la bienfaisance sur d'antiques règlemens , on
les soumit à elle-même ; jamais elle ne diroit , c'est
assez.

Si on prétendoit que ceci est étranger à la constitution , on n'en auroit pas saisi tous les rapports ;
ce qui maintient le pauvre dans la misère et le
riche dans son usurpation , intéresse nécessairement
l'ordre public , car la trop grande facilité d'acquérir
est un pouvoir d'opprimer , et la balance civile est
peut-être aussi nécessaire au bonheur de l'Etat ,
que la balance politique au repos de l'Europe. L'autorité royale tient à l'une et à l'autre ; considérons-
la dans ses rapports civils.

CHAPITRE VIII.

Du Roi.

LA plénitude de la souveraineté, dans les mains d'un seul homme, simplifie sans doute le gouvernement, mais le rend terrible. Tous les mouvemens de la machine dirigés par un seul mobile tendant au même but, la plus petite quantité d'action produit les effets les plus considérables et les plus soutenus. Tout va sans contrariétés et sans obstacles ; ce gouvernement seroit admirable, si l'utilité publique en étoit l'objet, si la simplicité des principes n'en dirigeoit les efforts contre la liberté, et s'il n'en résultoit de tous les abus le plus absurde et le plus déplorable, qu'un seul homme soit lui seul plus fort qu'une Nation.

Mais lorsqu'un peuple reprenant ses droits imprescriptibles, constitue le prince son magistrat, et lui remet l'exercice de la puissance exécutive, cette puissance étant alors celle de la Nation, elle peut profiter sans danger d'une organisation qui ne lui est contraire que relativement ; les ressorts de la machine étant changés, ce qui se faisoit par l'impulsion de la volonté particulière, est à présent l'effet de la volonté générale ; et ce qui tendoit à l'asservissement, va maintenant à l'avantage du corps politique.

La royauté qui fut toujours l'épouvantail des Nations libres, est pour elles la magistrature la plus utile et la plus convenable ; des liens d'intérêt et de gloire les unissent, la dignité du Roi et de la Nation se correspondent ; quelle grandeur environne le trône d'un Roi-citoyen ! comparez la majesté de la Nation qui compose celle du Monarque et la vilité de l'esclavage qui se répand sur le pouvoir despotique, et voyez de quel côté se trouve la solide grandeur. Je ris de pitié lorsqu'on nous raconte les abaissemens de ces peuples orientaux, qui se prodiguent à eux-mêmes le mépris et l'abjection , et qui pensent relever la dignité de leur maître en descendant eux - mêmes au - dessous de l'homme. Êtres avilis et dégénérés , le berger qui se glorifieroit de sa supériorité sur ses brebis seroit moins ridicule que l'orgueil de vos ineptes despotes ! Quelle futilité de se croire grand en se comparant à des pigmées , et de dominer avec hauteur sur la bassesse !

La dignité du citoyen fait la grandeur du Monarque , et le chef du peuple le plus libre seroit le plus grand des Rois , il s'asseoiroit sur le premier trône du monde.

Le pouvoir de régler l'ordre des élections , ou des successions à la couronne , appartient donc à la Nation, ni l'une ni l'autre ne peuvent jamais devenir les propriétés des Rois ; il répugne que les maisons régnantes cèdent ou transportent à d'autres les pouvoirs qui leur sont confiés , toute transaction à cet égard entre les princes est nulle de plein droit ; les peuples , pour être leur propriété , devroient être dans l'esclavage ; car s'ils sont libres , comment appartiendroient-ils à quelqu'un ? La validité des renonciations , des cessions , ou autres actes de cette espèce , sont des questions bonnes à proposer à des esclaves en présence de leurs maîtres ; jamais le souverain ne doit s'abaisser à de telles discussions , qui impliquent contradiction à son être , et que sa seule présence anéantit. Quelle étrange propriété que celle qui comprendroit les biens et les personnes ; car si les personnes seulement appartiennent au Monarque , leurs biens à qui appartiennent-ils ? et si les biens seulement lui appartiennent , quel droit auront donc les hommes ? cette propriété qui anéantit toutes les autres , sur quoi seroit-elle fondée ? les Nations sont-elles un morceau de pain qu'on dévore , ou une proie dont on se rassasie , ou un champ dont on dispose ? Nations qui voulez être libres, ne souffrez jamais que de pareilles questions soient élevées devant vous ; placez un Roi sur le trône, ou confirmez-en la succession comme il vous appartient ; mais dites aux races régnantes, de peur que leur postérité ne l'ignore, que c'est de vous qu'elles tiennent le sceptre, et que vos Rois sont les magistrats que vous avez choisis ! choix honorable, qui, par l'éclat qu'il tire de vous, les élève, au dernier période de la grandeur humaine, rien n'existe au-delà que la vanité ou la honte.

Mais la royauté, bien qu'appartenant à une personne ne roule pas sur une seule tête, l'administration d'un grand État, en demande plusieurs ; leur responsabilité fait la sureté publique et oblige les ministres à travailler pour leur gloire. Institution sage, qui augmente la considération du Monarque, sans diminuer les droits du peuple ni les commettre, et qui éloigne les inconvéniens d'une responsabilité qui pourroit bouleverser l'État, en laissant subsister la responsabilité toute entière. La loi doit être absolue à cet égard, quand on y mettra des tempéramens, la constitution sera bientôt renversée.

La sanction Royale pourroit-elle produire le même effet? Voyons! car, les vertus d'un Roi ne garantissent pas celles de ses successeurs. Les personnalités sont des qualités versatiles, qui n'offrent que des bases mouvantes qui ne peuvent convenir à un édifice solide.

CHAPITRE IX.

Du Veto ou de la Sanction Royale.

La puissance exécutive est séparée de la législative par la nature des choses, et c'est dans cette séparation constitutive, que réside la liberté civile et politique. Loin de rapprocher ces deux choses, élevez entre elles un mur de séparation, à jamais indestructible, et que jamais elles ne participent l'une de l'autre, c'est sur la ligne qui les divise, qu'il faut marcher imperturbablement entre le despotisme d'un seul ou de plusieurs ; car, la puissance du peuple, ou législative, tend toujours à se relâcher, parce que c'est un être factice et une grande réunion difficile à former, sur-tout dans un grand État ; celle du gouvernement, au-contraire, est naturellement concentrée ; sa réaction est d'autant plus forte qu'elle a été plus comprimée ; et quand une fois elle a écarté les obstacles, c'est un torrent...... Voyez ce qu'il en a coûté pour le rompre ; nos propres expériences et celles des nations et des siècles ne peuvent-elles pas nous instruire ?

Ces réflexions ne doivent offenser personne, pas même l'administration ; il est honorable pour elle d'abandonner au bien public, des formes dégénérées en un vil despotisme, qui pour ceux-même qui en profitent, ne vaudra jamais l'auguste liberté, ~~cette~~ sainte et précieuse liberté, dont s'honore un Roi-Citoyen, qui ne veut régner que par les lois ; et où trouveroit-on ailleurs les motifs et la récompense de ces vertus patriotiques, qui le séparent de la foule des Rois ? Qu'à titre de Citoyen, et sous ce rapport à jamais respectable, nos Rois viennent désormais opiner dans nos Assemblées Nationales, c'est un droit qui leur appartient, il honorera respectivement la Nation et son chef, mais ne l'oublions jamais, c'est comme citoyens et non comme puissance qu'ils doivent se présenter, et qu'ils peuvent influer dans la législation ; car la souveraineté est ~~individuelle~~, et en dernière analyse, la question du *veto* ou de la sanction royale implique contradiction aux droits définis et à la nature des choses.

Pourquoi créer un pouvoir d'empêcher, quand il faut le circonscrire ; il est bien plus simple de ne pas lui donner l'être, que de discuter si les moyens de l'arrêter dans ses progrès seront toujours efficaces, et si le gouvernement, par un système soutenu et gradué, ne viendroit pas enfin à bout de se replacer au même point d'où il a fallu le faire rétrograder ; voudra-t-il reporter alors devant le peuple les lois qu'il aura eu

une fois le pouvoir de suspendre ? s'il lui importe que
le peuple ne soit pas assemblé, ne fera-t-il pas tous ses
efforts pour retarder et anéantir enfin ses assemblées,
et pourquoi lui donner un moyen de plus pour cela ?
comment se fera ce changement ? Il faut répondre
à cette question par une autre. Comment n'y avoit-
il plus à présent de champs de Mars, tandis qu'il y
en avoit autrefois ?

Revenons toujours à cette vérité fondamentale,
que la volonté générale ou le pouvoir législatif étant
incapable de faire des progrès ou de perfectionner
son être, chaque génération le trouve et le laisse au
même point, tandis que le gouvernement héréditaire
a une marche graduée, qui ne recommence pas,
mais que suit chaque Prince de la famille régnante,
ensorte qu'au même âge de leur existence, le pouvoir
législatif et l'exécutif, ne sont pas pour cela au même
degré d'accroissement, et que par des gradations im-
perceptibles, il arrive que le souverain n'est plus un
être collectif, mais une personne privée ; la Nation
a disparu, il n'y a plus que des sujets, et un monarque ;
la flatterie a dit, qu'il règnoit alors par des lois fon-
damentales qu'il avoit faites ou détruites, disons-le
à l'univers, c'est un mensonge ; comment y auroit-il
des lois si le pouvoir législatif est anéanti ; il n'y a
plus de volonté chez les morts, non plus que de
lois chez les peuples qui ont perdu la volonté de les
faire. Peuple Français, vous touchez encore à ces termes extrêmes ; si vous n'en prévoyez pas les consé-
quences, vous méritez les reproches de l'univers !

CHAPITRE X.
Des pouvoirs impératifs.

QUOIQUE la question des pouvoirs impératifs, ne
soit pas moins importante que celle de la sanction
Royale, l'une et l'autre n'ont pu être proposées, que
dans une assemblée de Représentans ; car, ces questions absurdes en elles-mêmes, ne deviennent essen-

tielles que parce qu'elles s'écartent des vrais principes et des points définis, qu'il est si nécessaire de
n'abandonner jamais ; elles ajoutent des difficultés à
celles qu'il falloit déjà vaincre, et que l'étendue des
États ou la grandeur des Nations amènent nécessairement.

Car, de quoi s'agit-il parmi nous ? de constituer libres vingt-cinq millions d'hommes ; s'ils étoient assem-
blés la souveraineté seroit le résultat de leur réunion,
et la volonté générale celui de leurs suffrages.

'C'est l'organisation pure et simple des petits états,
quil est question d'adapter aux grands pour qu'ils
soient libres ; le souverain étant assemblé se propo-
sera-t-il à lui-même, de dénaturer son être, ou de le
céder à quelqu'un ; et qui persuadera à la volonté générale de ne pas être elle-même ? quand on a dit que
la souveraineté étoit inaliénable et incommunicable
par conséquent, et que la volonté générale ne pouvoit être représentée, on n'a dit que cela. Tous les en-
tortillages et les imbroglies ne feront pas que la question ne soit ainsi réduite à ses plus simples termes,
et que l'évidence de la proposition ne fasse sentir le
ridicule de la contredire.

Cependant c'est de ces principes élémentaires qu'il
faut composer le corps politique ou renoncer à en
avoir un. Si la trop grande étendue est un défaut d'aptitude à la liberté, il faut ou surmonter cet obstacle,
ou renoncer à la liberté, la puissance législative doit
toujours être une, et veiller avec plus d'attention
au maintien de la souveraineté exclusive qui
lui appartient, à proportion que le gouvernement
qu'elle confie au Prince est plus étendu et a besoin de
plus d'énergie. De même si la volonté générale dans
une nombreuse population ne peut résulter des suffrages de tout le peuple individuellement assemblé ;
ajoutez à ce procédé simple et facile des petites Nations, toutes les précautions (1) qui en conservent la

_____

(1) Rome n'étoit pas cependant une Nation peu nombreuse,
quand dans les comices, une partie du peuple donnoit son
pureté

pureté et qui la consacrent ; car, il faut que la volonté générale, pour être elle-même, soit apportée
intègre à l'assemblée ; les lumières des représentans
sont à eux, mais la volonté de leurs constituans est
un dépôt inviolable, les députés sont des êtres passifs
à cet égard, leur ministère ressemble à celui des
greffiers qui recueilloient les voix dans les comices Romains, et apportoient sur leurs tablettes le résultat de
celles des curies, ou des centuries, où des tribus, pour
former les décrets du peuple assemblé, sous l'une de
ces formes. Le lieu et les circonstances rendoient l'infi-
délité difficile ; à l'intérêt de l'éviter parmi nous, se
joint la nécessité la plus absolue, d'avoir l'expression
de la volonté générale, et de ne pas lui substituer une
aristocratie arbitraire, non moins redoutable que le
pouvoir absolu. Les mandats doivent donc être impératifs, et les députés tenus de rendre compte à leurs
constituans. Dans cette loi est le rempart de la liberté ;
elle conservera au peuple sa dignité et son intérêt à
la chose publique, qu'il importe principalement de
ranimer, pour que les mœurs et la vertu renaissent
parmi nous.

Combien ces motifs sont-ils plus puissants qu'un
respect mal entendu, qui empêcheroit d'en faire
l'appréciation : l'Assemblée elle-même ne peut en
avoir d'autres, dès que l'intérêt public les commande. D'ailleurs il ne s'agit ici que de la constitution d'un peuple libre, et nul peuple ne peut
l'être, que par l'exercice de la volonté générale.
Rome crut la communiquer à ses *Décemvirs ;*
cette erreur pensa renverser la constitution du premier peuple du monde ; ces terribles représentans,
gardèrent pour eux le pouvoir qui peut seul être
communiqué, et ne se dirigèrent que par leur volonté
particulière, qui jamais ne peut être substituée à la
volonté générale. En rédigeant des lois pour leur

suffrage de dessus les toits, et cela arrivoit quelquefois. Les
inconvéniens ne sont rien quand la liberté est la principale
chose.

C

patrie, ils lui forgèrent des fers (1) ; et si les mœurs et la vertu d'un Plébéien ne les avoient rompus, la destinée de Rome auroit été changée, et de la plus grande liberté, elle seroit tombée dans le plus dur esclavage.

A cet exemple mémorable ajoutons celui d'une nation voisine, d'autant plus idolâtre d'une liberté très-imparfaite, que ses efforts ne purent lui en obtenir de plus considérable ; se complaira-t-elle toujours dans une constitution, moins vicieuse que bien d'autres ; mais par cela même trop admirée ? Une grande liberté personnelle y dérive plutôt du caractère de la nation, et de l'imperfection de sa police que de ses lois ; tant que chez elle tout sera à vendre jusqu'à ses représentans, tant que le gouvernement les salariera aux dépens de l'État, pour acheter la domination, comptez qu'il n'y a pas d'intérêt public chez ce peuple, et qu'il rampe dans la bassesse. Trop heureux de conserver une certaine aptitude à la liberté, en payant lui-même le prix qu'en reçoivent ses députés, et que ces ventes partielles, n'opèrent pas un jour, l'aliénation totale de sa puissance législative.

Ainsi le futile avantage de la grandeur qui empêche les nations de faire elles-mêmes, parce qu'elles sont grandes, ce qu'il est si dangereux qu'elles confient à des représentans, ne les dispense pas de porter toute leur attention à prévenir des abus, que ne compensent pas les lumières de leurs députés, qui peuvent indifféremment tourner à l'avantage public, ou se diriger vers l'intérêt particulier ; la volonté générale peut être trompée, il est vrai, mais jamais corrompue ; et l'erreur est bien

_____

(1) Qu'on parcoure les lois des douze tables, on y trouvera par-tout, des dispositions qui choquent les principes de la démocratie, & décèlent les intentions et les vues des aristocrates. Rien de semblable n'est à craindre aujourd'hui ; l'enthousiasme de la Nation et de ses représentans, pour la liberté, la garantit à présent ; mais il faut y penser pour l'avenir.

moins dangereuse pour le corps politique, que nul engagement ne peut lier, et qui jamais ne peut contracter contre lui-même ; mais il faut qu'il soit toujours en plein exercice de sa volonté, pour la conserver : cette faculté aussi propre à la personne publique qu'à l'individu, est aussi inaliénable pour l'un que pour l'autre ; quelque considérables que soient les difficultés, elles doivent se plier à ce régime nécessaire ; si jamais elles le surmontent il n'y aura plus de liberté.

Grandes nations, que vous êtes à plaindre ! vos surfaces prodigieusement étendues ne sont propres qu'à recevoir des fers ; et sur un sol immense, s'asseoit naturellement la tyrannie ; cette triste observation, est l'histoire de l'univers et de tous les siècles.

Il faut prévenir deux difficultés considérables qui naissent des pouvoirs impératifs, et des comptes qui doivent en être rendus. Ces deux choses supposent que les Assemblées des Districts seront toujours suffisamment instruites pour faire leurs mandats, et qu'elles auront le droit de sanctionner les lois, et le *veto* dans le cas qu'elles leur fussent contraires.

Qu'on juge par ces difficultés même, combien il importe de ne pas s'écarter de la nature du contrat social, et que d'embarras n'épargneroit pas le peuple actuellement assemblé, quand il faut de toute nécessité se diriger par la volonté générale. Ces difficultés ne sont pas pourtant insolubles dans nos principes.

Les lumières sont aujourd'hui si généralement répandues, que la révolution actuelle est opérée par elles : la publicité favorise plus que jamais les communications, l'intérêt public qui se fortifiera sans cesse, en propagera de plus en plus les commotions dans tous les cœurs ; car c'est là le siège de la vertu politique, et ces germes seront plus vigoureux, peut-être, lorsqu'ils seront développés loin de la Capitale, et des vices de la Cour. N'est

C ij

ce pas autrefois dans les tribus rustiques, que brilla tout l'éclat de la vertu Romaine?

La séparation des Districts, et leur grand nombre, seront de grands obstacles à la séduction des peuples : des objets de pure législation, et d'utilité générale, seront la matière de leurs délibérations et de leurs mandats ; ils ne sauroient être embarrassans pour leurs représentans, qui jamais n'ayant à traiter des matières d'administration, ni de gouvernement, n'ont pas besoin par conséquent d'instruction de détail, ni de pouvoirs qui y suppléent. Si à ces avantages qui nous sont propres, on ajoutoit à la fin de chaque session générale, un manifeste des matières à traiter et des vues générales de bien public, je ne vois pas ce qui manqueroit à l'intégrité, et à la solemnité des délibérations des Districts.

Leurs pouvoirs de sanctionner les lois, et le *veto* qui peut s'en suivre, sont des difficultés plus considérables. Le *veto* qui seul est à craindre, entraîneroit des longueurs, des dissonances contraires à la police générale ; le pouvoir exécutif seroit arrêté dans ses fonctions ; mandataire de la Nation, il ne pourroit pas en exécuter les ordres ; et de ces contrariétés, naîtroit un état de guerre contre lui et les citoyens, qui seroit contraire à la paix intérieure de l'État, que rien ne doit troubler, et à la force des lois, qui toujours doit être irrésistible. Il est donc nécessaire que les Districts n'ayent point de *veto*. Leurs droits sont conservés, ils ont concouru à la volonté générale par leurs mandats impératifs, que leurs représentans soient punis s'ils s'en sont écartés ; que l'ignominie et une exclusion perpétuelle des assemblées, les attendent à leur retour et après leur compte rendu. Ce frein est plus puissant qu'on ne pense chez un peuple qui sera vertueux, et qui par-là le sera toujours davantage ; cette barrière est insurmontable aux efforts de l'administration, qui peut bien corrompre un petit nombre de députés ; mais non pas toutes les provinces et tous les Districts ; son action, comme le venin des épidémies, se dissipera en s'étendant au-delà du foyer rétréci de l'ambition et de l'orgueil, si le vœu général et l'élan de la liberté l'ont établie ; les assemblées des Districts la conserveront ~~pour~~ qu'ils obéissent toujours aux lois qui auront été portées ; et si leur suffrage n'a pas été suivi, ils doivent le considérer comme ceux des Centuries, que les comices avoient rejetés ; la loi n'est pas moins obligatoire pour tous ceux qui y ont concouru.

Quand on parle ici des assemblées des Districts ; on entend celles où le peuple est lui-même assemblé. Les Districts et les Départemens administratifs sont autre chose, les mandats impératifs ne les regardent pas. Ils nous induisent à parler de la constitution fédérative.

CHAPITRE XI.

De la Constitution Fédérative.

LES forces des états sont relatives : si le pays est trop resserré, il n'oppose qu'une résistance foible aux efforts de ses voisins ; une grande masse se soutient même en n'opposant que son inertie. La balance de l'Europe, ne laisse plus à l'arbitraire, l'étendue des empires ; leurs bornes sont posées, il seroit dangereux de les ébranler. Il n'en est pas de même des forces constitutives, qui ne sont pas toujours en proportion avec ces divisions la plupart trop considérables, pour la forte constitution du corps politique, qui ne dérive pas de l'étendue du sol, mais des facultés de l'entendement humain, et des rapports des hommes entr'eux. Les relations individuelles des habitans de vingt-sept mille lieues quarrées sont impossibles, et vingt-cinq millionièmes de volontés, sont des quantités trop petites pour constituer un état de force , et une volonté puissante.

Le tout est égal à toutes ces parties prises ensemble ; mais ces parties forment avec lui un rapport d'autant plus petit , que le dénominateur est plus grand ; pourquoi le gouvernement despotique est-il établi chez les grandes nations ? C'est qu'elles sont esclaves , et que le despote ne pouvant agrandir ses facultés individuelles , dégrade celles des peuples qu'il veut asservir , il les rabaisse au-dessous de l'homme , pour ne pas être lui-même trop petit , pour dominer sur elles.

Si nos relations extérieures nous obligent de garder notre rang de puissance européenne, pour l'opposer aux chocs extérieurs , la raison nous dit de la diviser au-dedans pour organiser le corps politique dans ses justes proportions.

La constitution fédérative réunira la force et la liberté ; réunion précieuse et nécessaire à l'état social. Cette forme inconnue aux anciens, et dont on connoît les imperfections chez les modernes , peut s'améliorer par cela même ; les avantages qu'elle réunit, et les maux qu'elle éloigne , sont inappréciables ; à elle seule appartient la vigueur des petits états et la force des grands : ces motifs d'établir la fédération , sont sans doute plus puissans que les obstacles qu'il faut vaincre.

La division du Royaume en provinces, qui toutes réclament une constitution qu'on ne peut leur refuser, donne la base sur laquelle s'asseoira d'elle-même la constitution fédérative , que le génie de la France , et de ses divisions géographiques , semblent appeler à grand cris. L'intérêt public rapproché de chacune de ces parties , renaîtra dans tous les cœurs ; car l'amour de la patrie n'est pas une vertu de spéculation , mais de pratique, qui se fortifie à proportion que s'agrandissent les rapports particuliers à la chose publique. La volonté générale qui est indiscernable , ou mal exprimée , dans une aggrégation incommensurable aux facultés humaines,

s'annoncera elle-même avec dignité. Ses besoins seront
mieux sentis et les ressources plus surement indiquées.
Chaque province, en un mot, jouira de la forte constitution d'un état bien organisé. Je ne pose ici que
les principes généraux, laissant à d'autres, ou à un
autre temps, les applications et les détails.

Les Administrations Municipales réformées sur les
mêmes principes, seront les liens de communica-
tion et d'union à l'assemblée provinciale, composée
de citoyens, et non d'ordres; occupée du bien public, et non de distinctions gothiques, l'impôt y sera
délibéré, non par forme, mais réellement, et ré-
parti par égalité et non par privilège; les comptes
de perception et de dépense y seront vérifiés, et la
part qui en revient à l'État fixée sur ses besoins, et
sur la demande de l'Assemblée Nationale, le centre
de l'union fédérative et de la puissance législative;
sur-tout qu'on ne se propose pas ici de modèle,
mais que la raison et l'équité soient l'arhétipe de la
constitution d'un grand peuple, réuni dans l'amour
de la patrie, par les mêmes lois et par le même
gouvernement, qui doit en être l'administrateur suprême. C'est le seul moyen de ne pas composer nos
lois comme un ouvrage de rapport, et de donner
à l'édifice public la solidité qu'on lui a préparée en
déblayant le sol : ce n'étoit pas la peine de le ni-
veller, si l'on ne veut tout asseoir sur une même
base (1).

L'imperfection de l'état fédératif des états unis
d'Amérique ne peut être ici objectée; la ~~vérité~~ de
leurs lois, et l'inégale distribution de la liberté sur
leur territoire, sont des obstacles qui les empêche-
ront, peut-être, de trouver de long-temps le point
central de leur rapprochement.

Ce point est trouvé parmi nous dans la réunion de
la volonté générale et du pouvoir législatif à l'Assem-

_____

(1) Les inconvéniens du *veto* ont été discutés ; les mêmes
principes sont ici applicables.

blée Nationale (1). Les lignes qui seront tirées de ce foyer à la circonférence, formeront toujours avec elle des aires proportionnelles; et le gouvernement monarchique chargé de cette opération, ne pouvant

---

(1) Les administrations provinciales, et les assemblées intermédiaires, rectifiées sur ces principes, en faciliteront merveilleusement l'application, leur composition plus nombreuse et mieux ordonnée; la voix délibérative substituée à la consultative, perfectionnera naturellement leur organisation; leurs rapports au centre de la confédération, seront invariables.

La division du royaume en départemens, subdivisés en districts et en municipalités, équivaut-elle à une fédération de toutes les provinces, réunies à un centre commun? Cette question est décidée de fait. Le système adopté par l'Assemblée Nationale, a des avantages et des difficultés dont il faut uniquement s'occuper; c'est de cette vaste organisation que dépend à présent le salut de la France; si les principes du droit social lui sont applicables, ils peuvent la conserver.

Ce sera toujours dans les assemblées primaires que résidera la majesté du peuple; cette base est sans doute inébranlable; et la constitution ne peut être fondée que sur elle. Cependant il y a ici un vice caché; les assemblées où le peuple est individuellement lui-même, sont subordonnées à celles où le peuple n'est que représenté; et de degré en degré, jusqu'à l'Assemblée Nationale, les pouvoirs vont croissant, en raison inverse de la puissance fondamentale.

Il se présente un subterfuge pour pallier le mal, et un préservatif pour l'empêcher de naître; examinons l'un et l'autre au profit de la chose publique. On dira que la puissance du peuple est un être collectif, que les députés apportent à l'Assemblée Nationale, qui représente le corps du peuple, et que la plénitude de la puissance réside en elle par voie de représentation.

Ce mot est vide de sens; la représentation n'est pas la chose même, et cette distinction nécessaire n'est pas une subtilité du langage, mais une disparité inhérante à la nature du pouvoir souverain qui est incommunicable, comme la volonté générale qui le constitue. C'est une barrière que ne surmontera jamais toute la puissance des tyrans; il ne faudrait pas la renverser aujourd'hui de sang-froid.

Représentation est un mot inepte et insignifiant, que je voudrois bannir du vocabulaire des nations libres. Pourquoi ne pas appuyer le Corps politique sur lui-même? Pourquoi abandonner la chose même, pour une vaine représentation? Et substituer un être fantastique, à un être réel capable de résister au

errer dans la pratique , l'unité sera inviolablement établie , et la continuité ne pourra jamais être interrompue , un seul mobile dirigera tous les mouve-

---

torrent des siècles , portant en lui-même la faculté de se conserver ou de se reproduire ? Les députés à l'Assemblée Nationale, ne sont pas les représentans du peuple , mais ses ministres ; ce ne sont pas des aristocrates, mais des greffiers qui apportent à un centre commun le résultat de la volonté générale ; leur dignité et la liberté publique se correspondent et sont attachées à l'inviolabilité de leurs mandats ; la grandeur du dépôt honore à jamais les mains qui en sont les dépositaires , et leur responsabilité même consacre leur ministère , et en marque l'importance.

Le trône , dont un semblable devoir relève l'éclat, en le consacrant à l'utilité publique , tire sa majesté de celle du peuple : les députés dans des fonctions plus essentielles encore , organes de la volonté générale , trouveront leur gloire dans la liberté publique et dans l'exercice de la plus austère vertu.

Si plus attentif à des raisons de convenance , qu'à celles qui découlent de la nature des choses, comme faisoit quelquefois Montesquieu , on disoit comme lui, en parlant des députés au parlement d'Angleterre : *quand les députés représentent un corps de peuple , ils doivent rendre compte à ceux qui les ont commis ; c'est autre chose lorsqu'ils sont députés par des Bourgs , liv. 11 , chap. 6.* Je dirois à mon tour , que s'il en étoit ainsi , cette division du peuple français en aggrégations , qui l'atténuent au point de ne pouvoir se faire rendre compte d'un pouvoir qui lui appartient et qu'il lui importe de conserver , seroit une division inconstitutionnelle. Le corps politique vicié dans sa formation , n'auroit pas d'existence propre ; car elle consiste pour lui, comme pour les individus , dans la faculté d'être durable , et de pourvoir soi-même à sa conservation dans cette organisation , cependant , où seroit donc posée la base du pouvoir législatif , et les droits de la personne publique ? ils sont , ou nulle part , dans les mandats impératifs des assemblées primaires, et dans le compte qui doit en être rendu devant elles. (La sanction et le veto ont été discutés, chap. 10). La révolution est consolidée sans doute , par l'assentiment universel ; je me hâte de le répéter , parce que je le pense ; mais cette solennelle déclaration de la volonté générale , ne me rend que plus fort dans mes principes ; car elle seroit illusoire , si elle n'enfermoit aussi un pouvoir d'improuver : il n'y a que les esclaves qui aient le droit exclusif d'applaudir ou de se taire ; et assuré-

mens du Corps politique , que rien ne doit con-
trarier.

---

ment on ne leur conteste pas ce privilège , qui ne peut convenir à des hommes libres.

*Cessez de nous importuner de vos observations , nous ferons
à notre tête ; car si nous avons acheté fort cher l'honneur de
vous représenter , c'est pour le revendre au gouvernement , le
mieux que nous pourrons.* Le fier Anglais souffre ce langage ,
et cette conduite de ses députés ; et pour pallier son incurie ,
il dit , que ce trafic et ces ~~vérités~~ prouvent et conservent une
propriété dont il se joue. Qui sait jusqu'à quel point ce terrible
jeu pourroit égarer ces insulaires ? Certainement il doit être capable d'ouvrir les yeux de la France , sur un abus que des circonstances impérieuses et des intérêts difficiles à concilier , ont pu
établir en Angleterre ; mais que la raison et l'équité doivent
bannir d'une constitution que les lumières et les principes du
droit naturel ont provoquée , et devant laquelle tous les obstacles se sont applanis , pour donner lieu à une nouvelle création
du corps politique dans ses justes proportions , il faut le conserver sain et robuste , par les mêmes moyens qui l'ont fait naître.
Car que n'auroit pas à se reprocher la génération présente , si
pouvant établir la liberté publique sur les fondemens pacifiques
d'une constitution sage , elle l'infectoit d'un vice destructeur , qui
pourroit priver un jour la Nation de sa souveraineté , ou la
porter à la reprendre , (car elle est inaliénable) dans l'effervescence de la guerre civile et de toutes ses horreurs.

La féodalité seroit-elle plus sage dans ses erreurs , que nous
dans l'application de nos principes ? La Pologne devenue l'op-
probre et le jouet des Nations , parce que chez elle la servitude
empêche l'intérêt public de naître ; et que le peuple n'étant pas
le souverain , mais sa propriété , il n'a nul intérêt à la défendre ,
la Pologne, dis-je, renouvelle aujourd'hui sa constitution barbare
et la fonde principalement sur les comptes que les nonces doivent rendre aux diétines de relation : ce qui est chez elle un rempart de sa vieille féodalité , et un obstacle à la liberté civile ,
sera parmi nous la sauvegarde de la nôtre, et la base du pouvoir
législatif, qui n'étant qu'une émanation de la suprême puissance ,
ne peut être apporté à l'Assemblée Nationale , que par les vœux
des Assemblées , où le peuple est individuellement lui-même.
Celles des districts et des départemens ne seront que des délé-
gations propres à l'administration , mais non pas à des actes de
souveraineté ; ce n'est pas ici une censure de la plus parfaite des
organisations administratives , mais une observation qui découle
de la nature du pouvoir souverain.

CHAPITRE XII.

Du. Clergé.

QUEL droit peuvent avoir les Ecclésiastiques à des istinctions politiques? en vertu d'un Sacerdoce spituel, ceux qu'on appeloit autrefois nos pères dans n ordre surnaturel, ont-ils acquis pour cela une utorité qui y répugne? Le temps n'a pu consacrer es disparates étranges; car on ne prescrit pas contre l nature des choses, et l'on ne peut les changer ar de vieilles institutions incohérentes.

Si le Clergé s'offençoit de ces observations, il en iontreroit lui-même l'importance, et par le peu de as qu'il feroit de ses fonctions véritables, il prouve- it la nécessité de l'exclure d'un ordre de choses, ui ne peut que le distraire de son divin ministère, t qui lui en feroit oublier la spiritualité.

Ce que je dis à présent, pour n'avoir pas été fait u temps de Constantin, n'en découle pas moins de l nature des choses; les abus et les scandales de lusieurs siècles ajouteront des faits et des preuves à es inductions. Comparons d'abord les prétentions es Ecclésiastiques à leurs dogmes.

Leur ministère dérivé de celui de JÉSUS-CHRIST, ent au dogme de sa divinité même; on les propose nsemble pour l'objet et le fondement de la foi; faut suivre cette analogie. Créateur des substances irituelles et libres, Dieu a établi pour elles un rdre de pouvoirs et de moyens relatifs à leurs ttributs, qui conservassent sa souveraineté et ne dé- étruisissent pas son ouvrage; qui perpétuassent sa uissance créatrice et la liberté des êtres créés : ue le langage humain est foible pour décrire les uvres de Dieu! que le ministère sacerdotal est ~~ou~~ *auguste* ~~rême~~, s'il est associé à ces opérations sur les es-

divine et intérieure pour déterminer celle des esprits ; la puissance qui leur donna l'être , pouvoit seule les faire agir selon leur nature et fonder un ministère analogue à leur être , à leur dégradation, ou à leur perfectibilité. Si dans l'ordre physique , la mobilité est un des attributs de la matière , et l'impulsion la cause du mouvement ; la détermination de la volonté a son principe dans l'action immédiate de Dieu même ; quels disparâtes de causes et d'effets dans le mouvement et la pensée, l'impulsion et la détermination ! ils impliquent contradiction l'un à l'autre , et ce n'est que par leur opposition qu'on peut juger de ce qu'elles sont en elles mêmes , et de leur analogie , au ministère ecclésiastique et au pouvoir temporel : comparons l'un à l'autre.

Le contrat social est fondé sur la réunion des volontés particulières ; il en résulte une volonté générale, qui , sans attendre la détermination intérieure de chaque individu , commande et fait exécuter la volonté politique ; ce pouvoir est essentiel à tout gouvernement , il périroit sans lui , il découle de la nature des choses , la liberté naturelle est abrogée par le contrat social ; et dans sa perfection , il ne reste à chacun que la liberté civile.

Quelle économie différente dans la communion des saints ! une adhésion d'esprit et de cœur aux dogmes qu'elle professe, aux prières , aux sacrifices, le don du Saint-Esprit répandu dans les cœurs ; voilà ce que chacun apporte à cette association spirituelle , dont il résulte des biens invisibles à attendre , des moyens surnaturels pour les obtenir. La volonté générale n'influe ici sur la volonté particulière que par des prières et des supplications, par les sacremens dont l'action est intérieure et au-dessus des sens ; les préceptes même et les lois

de cette société n'ont point de moyens de contraindre la volonté qu'il seroit impossible de forcer, et
qu'il impliqueroit contradiction de détruire ; car
c'est dans le domaine de ces propres actes que
consiste le mérite qu'il faut acquérir pour un
royaume qui n'est pas de ce monde.

Dans le gouvernement chacun soumet sa liberté
particulière à l'autorité générale, ou il y est contraint ; ici chacun conserve sa liberté propre pour
donner lieu au mérite qui ne peut résulter que de
cette absolue dominité (1).

Ainsi , le ministère ecclésiastique et le pouvoir

---

(1) Si on opposoit la soumission entière que l'église exige
et qu'elle prescrit sous les plus rigoureuses peines, on n'auroit
pas compris ce qu'on vient de dire. Pour se trop complaire
dans l'autorité et les distinctions extérieures, (qui, bien que
réunies dans les ecclésiastiques, ne le sont pas dans leur ministère,) on a confondu des inconciliables ; on parle toujours de pouvoir, là où il n'y a que négation de puissance;
et d'autorité, là où il n'y a que ministère. Les préceptes
adressés à des substances libres, sont comme les vérités
proposées à la raison ; qui a jamais prétendu qu'un argu-
ment fût un moyen de coaction, et une démonstration, une
contrainte ?

Si la liberté est un attribut de la substance spirituelle ,
elle est indestructible, ou il n'existe pas des esprits, car les
attributs sont invariables comme l'essence des êtres. Dans le
système des esprits, commandement est persuasion, et soumission assentiment, l'autorité est dans la conviction, et l'adhésion est à la place de la dépendance ; commander à la
raison, c'est demander son acquiescement ; et donner des
préceptes à la liberté, c'est en attendre l'accomplissement
volontaire.

D'ailleurs, je demande si dans l'économie du salut la liberté
n'est pas un dogme reçu ? si Dieu même, lorsqu'il commande,
anéantit la liberté ? si même lorsqu'il la promeut à l'action, elle
n'est pas toujours libre ? quelle force pourroit donc la contraindre ? quelle absurdité donc de réunir la puissance extérieure, et un ministère spirituel, dans les mêmes agens ; les
abus qu'en eût prévu la raison sont décrits dans l'histoire,
les événemens et les causes sont ici intimément liés , et les
inductions se fortifient par les exemples.

extérieur sont comme les deux extrêmes de cet
intervalle immense qui sépare les corps des esprits ;
ministère et pouvoir sont aussi inconciliables que
les deux substances sont opposées.

Quel bien peut-il donc résulter de la réunion de
ces contraires ; dans les mêmes mains , c'est le délire de la foiblesse et l'effort des passions humaines , qui , dans l'effervescence des deux natures
contraires , a produit les attentats d'une force nécessairement usurpatrice , qui , ne pouvant être
employée dans l'économie religieuse établie par J. C.
a tourné ses efforts et ses fureurs contre l'humanité même et contre les gouvernemens (1) , sur

---

(1) Trois siècles de vertu et d'union fraternelle donnèrent
à l'Univers l'étonnant spectacle d'un culte sublime offert à
Dieu seul , en esprit et en vérité , par les enfans d'un même
père , réunis par un ministère spirituel , distinct de l'ordre
politique , et parfait dans son institution. Privés de tout
avantage extérieur , les Chrétiens n'avoient pas même des
temples avant la persécution de Maximien , (comme le re-
marque Crévier ,) c'est-à-dire , vers la fin du troisième siècle.
Quelles prérogatives temporelles auroient appartenu alors au
ministère sacerdotal ? Le culte étoit parfait néanmoins , et le
ministère dans l'heureux et entier exercice des fonctions que
J. C. lui avoit confiées. Ce sont les beaux jours de l'Église ,
c'est l'âge d'or du Christianisme que les apologistes ne cessent
de vanter , et qu'ils ne peuvent trop célébrer. Le clergé
n'avoit alors de distinction que dans la vérité ; et dans son
humilité , il désiroit , plutôt qu'il n'osoit rechercher , la prééminence du martyre. Époque mémorable qui devoit être
gravée dans l'esprit et dans le cœur des ecclésiastiques bien
plus que dans leurs annales , c'est leur titre à notre vénéra-
tion , à nos respects et à des fonctions augustes. Pourroient-
ils s'offenser d'y être ramenés , tandis que la réunion des deux
pouvoirs , que Hobes proposoit dans un sens , et que les
ecclésiastiques ont tâché de se procurer dans un autre , n'a
manifesté que le désordre et la disparité de deux ordres ,
qui , dans leurs efforts réunis ou opposés , n'ont fait que
dégénérer l'un et l'autre.

Après avoir vaincu la fortune et ses concurrens , Constantin s'assit sur le premier trône du monde encore tout fu-
mant de sang et de carnage ; il se déclara le protecteur d'une

lesquels les ecclésiastiques ont toujours usurpé les
biens temporels dont ils ne pouvoient pas même
accepter la donation, leur ministère étant incapable
de rien posséder de temporel, ni de rien adminis-
trer de terrestre ; en sorte qu'ils n'ont pas même

---

religion qu'il avoit fait servir à son ambition, et qu'il dé-
voua aux progrès de sa politique. Si ce jugement est sévère,
c'est celui de la vérité qui surnage à travers la lie des siècles,
et celui de la religion même qui juge de la foi par les œuvres. Un ambitieux qui voit des miracles et consulte des
astrologues, qui fait des actes de dévotion, et qui manque
à la foi publique, qui arbore l'étendart de la croix, et qui
verse des torrens de sang sous la protection du Dieu de paix,
qui baise les cicatrices des martyrs et qui entretient des con-
cubines, qui fait des homélies et des discours à l'assemblée
des saints (*), et qui immole à ses soupçons son eunuque,
son beau-père, son fils et sa femme, qui assemble des conciles, et en fait exécuter les décisions, ou les renverse, par
la violence qu'il prête tour-à-tour aux catholiques et aux hé-
rétiques, qui détruit l'idolâtrie par le fer et par le feu, et
dont le baptême, à la fin de la vie, est plutôt présumé que
certain. Tel est le héros que la flatterie ou l'ambition ont cé-
lébré de concert ; tel est le protecteur inepte et cruel dont
on se glorifie, et le premier auteur de ce mélange vicieux
des deux pouvoirs dont le ferment s'est conservé durant
quinze siècles, et qui, dans ses excès, a renversé des trônes
et ravagé les deux hémisphères.

Le premier ecclésiastique qui sollicita des immunités et la
force pour régir les esprits, est l'auteur de tous ces maux.
Qu'il eût été à propos que tous ses confrères, s'élevant contre
lui, lui eussent dit : que fais-tu malheureux, les princes dominent sur leurs sujets ; mais nous qui sommes les ministres
de J. C. nous dominerons sur nos frères. (*Reges gentium
dominantur eorum, vos autem non sic*, Luc 22, 25.)
Oublierions-nous jamais que notre ministère s'adresse à des
substances libres, rachetées à ce titre par le sang de J. C.
et que l'économie du salut ne peut être changée. Notre autorité, ô Constantin ! est dans le témoignage, et notre force

---

(*) Le discours de Constantin, (*oratio ad sanctorum cœtum*,)
est un mélange bizarre de la Bible et de Virgile, des prophètes et
des Sybilles. C'est cependant cette érudition absurde qui étoit si
recherchée par les évêques qui venoient lui demander des sermons
et des homélies.

de titre pour posséder, et que de leur part, opposer la possession, c'est convenir de l'usurpation.

Car, comment auroient-ils reçu des biens ? le
titre lucratif ni le titre gratuit ne peuvent leur être
appliqués ; les biens spirituels qu'ils administrent ne
peuvent être donnés en compensation des temporels, jamais ces deux sortes de biens ne peuvent
être le prix l'un de l'autre. Le titre gratuit ne leur
convient pas davantage, toute possession leur étant

---

dans la profession d'une même foi ; reprends tes dangereuses
faveurs ; garde pour le commandement une force inconciliable
avec notre ministère ; arrête toi-même tes excès et tes fureurs dans un ordre de choses qui passe la puissance, ou
jamais tu ne seras chrétien ; nous aimons mieux périr par le
fer de la persécution, que de l'employer contre nos frères ;
leurs cœurs sont entre les mains de Dieu, notre ministère, ni
ton pouvoir ne peuvent les forcer.

Ce discours ne fut pas tenu, et ces maximes encore moins
suivies ; trois siècles de souffrances avoient préparé l'enivre-
ment de la paix ; on vouloit propager la religion ; et pour
une si louable entreprise, on avoit sous la main un moyen
moins glorieux sans doute, mais plus facile que les souffrances
et la persuasion. Renverser les idoles pour honorer Dieu,
persécuter leurs prêtres pour les convertir, forcer tout le
monde à recevoir les décisions des conciles et à embrasser la
foi ; quel meilleur emploi de l'autorité et de la puissance d'un
empereur environné d'évêques, et portant la croix sur son
diadême ? Les immunités qu'il répand sur les clercs détermi-
nent tous les fidelles à se faire ecclésiastiques, et tout le
monde à se faire chrétien ; ces nobles et puissans motifs
d'embrasser une religion toute spirituelle, ou l'alternative d'y
être forcé par la disgrâce de l'empereur, ou contraint par son
pouvoir, affoiblissant la foi ou corrompant le ministère, pré-
parèrent à leur tour la défection et le progrès de l'hérésie.
La réaction fut inévitable et se fit bientôt sentir. La violence
une fois introduite dans l'économie religieuse, se tourna contre elle avec la même fureur ; et par les mêmes moyens,
l'Univers s'étonna de se trouver arien, et les évêques eurent à gémir de la perte de leur autorité spirituelle, et pour
la première, fois celle des immunités et des prérogatives extérieures, source funeste de tant de maux qui n'est pas encore
tarie.

interdite

interdite et impliquant contradiction à leur ministère. *Gratis accepistis*, leur est-il dit, *gratis date*,
nolite possidere aurum, *neque argentum*, *neque*
pecuniam in zonis vestris, Matth. 10, 7, ëct.
Ainsi, les biens qu'on leur a donnés et repris,
dans tous les âges de la monarchie, ont toujours
eu le sort que doivent avoir des possessions incohérentes à un ministère qui y répugne ; ce flux
et reflux de richesses, dans un royaume qui n'est
pas de ce monde, est un spectacle bien singulier
dans l'histoire.

Chilperic, au commencement de la première
race, trouva le fisc totalement dépouillé en faveur
des églises, et il les dépouilla à son tour. Pépin
se rendit le maître de l'État en protégeant les
ecclésiastiques qui l'étayèrent dans son usurpation,
et qui tâchèrent de la consacrer par leurs éloges,
jamais commerce d'intérêts ne fut plus intime.
Charles Martel fut conduit par les libéralités même
de son père à reprendre des dons excessifs, et
trouva la simplicité du remède dans l'excès même
du mal qu'il avoit à réparer. Charlemagne établit
les dixmes pour indemniser le clergé ; mais la fa-
meuse division qu'il en fit en quatre parties n'a
guère été suivie. Les rois de la seconde race ou-
vrirent encore leurs mains, et firent d'immenses
libéralités que les Normands détruisirent, et qui
furent remplacées par de nouvelles acquisitions
qui, dans la troisième race, auroient privé tous
les laïques de tous leurs biens s'ils avoient été assez
honnêtes gens pour respecter la volonté des
morts (1), ou assez religieux pour mettre leur

_____

(1) *Offerat ergo vel moriens ad liberandam de perennibus*
pœnis animam suam. Quia aliud jam non potest saltem
substantiam suam.....quid enim jam scit aliquis an peccato-
rum mensuram oblata compensent ? si novit quispiam homi-
num peccatorum quantum remedire delicta possit, utatur
scientia ad redemptionem ; si vero nescit, cur non tantum
offerat quantum possit ? (*Salvian. ad eccles. catholic.* l. 1,
d'après le père Thomassin, *ibidem*, chap. 16)

D

conduite d'accord avec les opinions répandues et crues dans ce temps-là.

Ainsi, les invasions et les restitutions du clergé ont été continuelles, tout fournissoit des motifs à leur rapacité, les mariages et les testamens furent leurs deux principaux moyens d'acquérir, rien ne fut épargné de leur part pour satisfaire la sacrée famine de l'or (1), les prodiges de tous les genres étonnèrent les peuples et les rois ; les saints, ravis en esprit dans le ciel, avoient des révélations en faveur des possessions temporelles, les démons même se mirent pour cela du parti de l'église, et ses terribles agens ne lui servirent pas de peu auprès de la crédulité vulgaire.

Tels sont les biens des ecclésiastiques, leur incapacité de les posséder est égale à celle de réunir en eux aucune autorité temporelle, ces deux choses répugnent également à leur ministère et aux moyens qui leur ont été donnés pour l'exercer. L'Etat, en leur ôtant des biens et des avantages pernicieux, les rendra à la pureté de leur destination divine.

O miserimi ut hœredes quoscumque faciatis, vos ipsos exhœredatis ; ut alios relinquatis vel brevi divites, vos ipsos æterna mendicitate damnatis. ibid. l. 2.

(1) *Omnis homo ex sua proprietate legitimam decimam conferat ad ecclesiam. Experimento enim didicimus, in anno quo illa valida fames irrepsit, ebullire vacuas annonas à demonibus devoratas, et voces exprobationis auditas.* Baluz. col. 267.

Sanctus Eucherius Aurelianensium episcopus, qui in monasterio Sancti Trudonensis requiescit, in oratione positus ad alterum est seculum raptus ; et inter cætera quæ, domino sibi ostendente, conspexit, vidit Carolum in inferno inferiori torqueri. Cui interroganti, ab angelo ejus doctore responsum est, quia sanctorum judicatione, qui in futuro judicio cum Domino judicabunt quorumque res abstulit et divisit, ante illud judicium animâ et corpore sempiternis pœnis est deputatus, et recipit simul cum peccatis suis, pœnas propter peccata omnium qui res suas et facultates tradiderunt, ect. Baluz. tom. 2, col. 109.

Ce qui se faisoit autrefois contre une doctrine reçue, se fera maintenant par les principes de la justice et de la raison la plus éclairée.

La réunion de l'autorité temporelle et religieuse chez les anciens étoit raisonnable, parce que ces deux pouvoirs étoient au-fonds le même, et répondoient à la même fin, le gouvernement et la religion tendoient au même but et avoient un même terme; l'agrandissement ou la prospérité de l'État, tout étoit temporel dans l'objet du culte, comme ~~dans le~~ gouvernement. Très-peu de dogmes, et jamais contestés, le principal étoit la conservation de l'État promise par les Dieux. Voyez ce qu'il en coûta à Socrate pour avoir voulu spiritualiser l'idolâtrie. Je ne dis pas que ces religions fussent bonnes, puisqu'elles étoient absurdes, je n'examine que leurs rapports avec les gouvernemens, et je dis qu'ils étoient identiques dans leur objet et dans leur fin.

Depuis qu'il n'y a plus, ni qu'il ne peut y avoir de religion nationale exclusive, les rapports de la religion ne sont plus les mêmes que ceux des gouvernemens, ici tout est temporel, là tout est spirituel; s'il n'y a pas contrariété, il y a divergence, et c'est assez pour ne pas les réunir. Tous les abus nâquirent dans le troisième siècle du mélange vicieux des pouvoirs temporels et spirituels, la paix et le bon ordre dans le temps présent ne peut résulter que de leur séparation.

Car, remarquez que les persécutions et les guerres des Payens, pour soutenir leur religion, étoient conformes aux principes de leurs gouvernemens, et que celles des Chrétiens sont des inconséquences de leurs principes religieux, abus qui n'auroient été impossibles si les ministres de la religion n'avoient jamais rien possédé; si jamais ils n'avoient été revêtus d'aucune autorité extérieure; jamais leurs dogmes n'auroient été sanguinaires ni intolérans, et l'autorité publique ne se seroit pas portée d'elle-même à la persécution. Il auroit fallu

D ij

abandonner la religion , pour la défendre par la violence , si ses ministres eussent toujours prêché sa spiritualité avec désintéressement ; ce n'est en un mot que la réunion de deux pouvoirs inconciliables qui a produit le fanatisme et ses fureurs , leur séparation ramenera la tranquillité publique , le bien qui en est résulté dans les pays protestans s'étendra jusqu'à nous.

Lss ecclésiastiques ont beau s'enchevêtrer dans leurs sophismes , la vérité perce , le temps de leur domination est passé ; qu'ont-ils à se plaindre quand ils sont ramenés à la sublimité de leur ministère ? si une longue erreur les a attachés à des distinctions et à des biens temporels , ils sont trop instruits pour les réclamer comme des droits ; les offrandes du lévitique faisoient partie de la constitution Juive , un pareil droit ne pourroit se retrouver que dans une théocratie semblable ; elle étoit fondée sur le droit de conquête , et sur le partage de la terre de Canaan. L'économie du salut n'est établie sur rien de pareil , jamais deux ordres de choses n'ont été plus opposés , et de leur disparité il ne peut résulter des droits semblables. Si en dernière analyse l'État doit un salaire aux ministres de la religion , il ne leur doit ni biens , ni prérogatives extérieures ; plus ils seront circonscrits à cet égard , plus ils seront utiles , et moins ils nuiront à la bonne constitution du corps politique.

Si les biens qui reviennent à la Nation forment un capital suffisant pour acquitter et la dette publique , et celle que le clergé avoit hypothéquée sur eux , jamais abus n'auroit été plus utile pour le présent et pour l'avenir , car les emprunts continuels auroient enfin absorbé toutes ces possessions ; et la Nation , privée de cette ressource , auroit encore été grévée des nouveaux salaires qu'on seroit venu lui demander dans la suite ; les prétentions de la noblesse ne sont pas moins ridicules.

CHAPITRE XIII.

De la Noblesse.

QUAND il n'y a pas de liberté, il n'y a pas non-plus de citoyens ; et le Roi placé alors à une grande distance de ses peuples, il faut pour maintenir l'intervalle, établir entr'eux et lui, des degrés intermédiaires, des nobles ou des suppôts de l'autorité arbitraire; car les nobles s'accommodent fort bien de la servitude, mais tiennent à déshonneur, de partager la liberté avec le peuple ; ils rampent sans peine sur les marches du trône, pour recueillir des distinctions et des richesses ; leur ambition se borne à obtenir des pouvoirs subalternes, et leur bras est toujours levé pour opprimer le peuple : ils sont entre le monarque et lui, comme une matière interposée entre deux corps, qui les désunit d'autant plus, qu'elle s'insinue davantage. Sur ce terrible coin pourroient être marquées les graduations du pouvoir despotique.

Le trône étant placé maintenant parmi les citoyens, ce rapprochement éloigne les intermédiaires et les réprouve pour toujours. Cette considération est trop essentielle ; Rome, pour avoir conservé le patriciat, établit dans son sein une guerre intestine ; il fallut que la liberté fût incessamment défendue contre une aristocratie toujours prête à l'envahir ; si cette lutte trop admirée lui fut quelque temps favorable, elle finit par la détruire. Que cet exemple nous instruise ; gardons-nous de laisser subsister un ferment dangereux, mais que tout rentre dans l'égalité civile, et que toutes les lois tendent à l'établir. Le progrès de l'intérêt public fait concevoir à cet égard, les plus grandes espérances pour l'avenir ; la distinction des ordres abolie, l'admission de tous les citoyens indistinctement à toutes les charges, et leur vénalité supprimée ; le remboursement des droits féodaux, ou leur suppression, et celle des justices seigneuriales ;

D iij

toutes ces réformes utiles en ameneront d'autres. Dès-que le droit de tous est la base de la constitution, tous sont égaux en droits, tous les citoyens sont pairs. Il n'est point de puissance à laquelle il appartienne de faire sortir personne de ce niveau, ni qui puisse élever une race au-dessus de la prééminence nationale ; une inégalité héréditaire seroit contraire à l'égalité fondamentale ; la nation ne peut ni créer quelque chose de plus grand qu'elle-même, ni déroger à sa dignité de souveraine.

Que les nobles ne pensent pas être dégradés pour cela ; la qualité de citoyen est le premier titre de l'homme civilisé, et le plus honorable dans l'ordre politique. Voyez tous les peuples briguer à Rome, ce droit révéré dans tout l'univers, et comparez-le ensuite à plusieurs quartiers de noblesse : ce ridicule avantage que les Arabes conservent à leurs chevaux, peut-il convenir à des hommes qui doivent apprécier le mérite, et non pas le fortuit assemblage de plusieurs mariages, où l'imbécille vanité de celui qui donne des écus pour acheter la futilité.

Quand l'égalité sera bien établie, les grandes actions ne seront pas sans récompense ; et en honorant les vertus personnelles, la vertu sera nécessaire à tous : le patriotisme perfectionnant ce que l'honneur a de barbare ou d'égoïste, les grandes choses se feront, non pour le bruit de les avoir faites, mais par l'amour du bien public qui les commande ; non par un élan de l'amour-propre qui veut de la considération, mais par un sentiment de vertu qui attache à la patrie ; c'est ici la base de la véritable grandeur, ailleurs ce n'est qu'une grande surface sans profondeur, une feuille légère que le vent de la fortune agite à son gré, et qui fuit devant la liberté.

CHAPITRE XIV.

Des émotions populaires.

Dans le moment où un peuple brise ses fers, il est bien dangereux de faire des lois contre les émotions populaires. Où en serions-nous, si de telles lois avoient été en vigueur ; et si l'élan de la liberté n'avoit surmonté une timide sagesse ? L'Assemblée Nationale étoit anéantie, Paris foudroyé, et le délire de la vengeance parcourant la France, des torrens de sang n'auroient encore pas éteint peut-être le feu de la discorde civile ; et dernièrement, qui a reconquis son Roi ? si-non le peuple qui s'est élancé vers lui comme par instinct pour le rendre à nos droits et à sa gloire.

Qu'ont fait dans ces occasions les conseils de la prudence ? l'état étoit perdu, si la vivacité populaire s'étoit brisée contre les obstacles qu'on lui opposoit : quand il faut accélérer la marche de l'esprit public, craignons de la retarder ; et s'il convient de l'éclairer, gardons-nous de la contraindre.

Considérons, sans préjugé, les dangers de nos institutions modernes, d'après lesquelles il faut toujours distinguer, entre le peuple et le peuple ; pour livrer l'un à l'abjection, et respecter l'autre. Le despotisme avoit répandu la vilité, jusques sur la dénomination même ; comment y auroit-on joint l'idée de majesté qui lui appartient foncièrement, et dans sa véritable acception ? et cependant comment se composoit sa volonté générale, quand il n'y avoit pas des représentans, que de la même manière dont on veut à présent lui faire un crime ? O vous qui êtes ses chefs, respectez-le toujours dans ses volontés générales ; et quand les événemens même parlent en sa faveur, qu'avez-vous à lui reprocher ? le sang qu'il a versé, comparez-le à celui qu'il a épargné ; comparez les

D iv

victimes qu'il a frappées dans sa justice, au carnage d'un seul jour de combat, ou d'une seule nuit de proscription ; et voyez ce qu'il en résulte, au profit de l'humanité, qu'on dit qu'il a outragée (1).

Quand la rage aristocratique ne garde plus de mesures, et que dans ses fureurs elle prépare la ruine de la patrie, quel contraste de bonté se fait voir chez ce peuple si calomnié : on l'a vu délivrer les gardes du corps qui l'avoient si grièvement offensé, et qu'il pouvoit immoler à sa vengeance ; et sur la demande du Roi, se réconcilier avec eux avec la plus franche loyauté : les grands, s'ils avoient triomphé, auroient-ils ainsi abandonné leurs victimes ?

Quand la révolution sera faite, que tous les pouvoirs seront pondérés, et que la constitution sera consolidée, alors, sans doute, les lois doivent être irrésistibles ; une bonne police doit être établie, les infracteurs seront des rebelles ; mais à présent que tout cela n'est pas fait, il est à craindre qu'un ordre apparent n'amène une servitude réelle, et que pour réprimer les émotions populaires, on n'éteigne le feu sacré de la liberté : la police est bonne sans doute, mais la liberté vaut encore mieux ; considérez qu'elle ne fait que de naître, et qu'il faut bien se garder de l'étouffer au berceau.

Mais tous les ressorts sont relachés, dit-on, le pouvoir exécutif est sans force ; l'anarchie va dissou-

(1) Des complots ténébreux et coupables ne peuvent être ici objectés. Le peuple, en général, n'en peut concevoir de tels : et quoiqu'il puisse partiellement se tromper, en écoutant les suggestions de l'ambition, ou le désespoir de la misère, jamais il ne peut s'égarer pour long-temps, quand ce sont ses lumières qui font la révolution. L'ensemble des événemens le justifient ; c'est lui qui les a dirigés ou vaincus ; jamais, sans lui, la révolution n'auroit été faite : l'élan le plus subit de la liberté pouvoit seul l'opérer ; combien de fois la police lui avoit-elle opposé ses entraves ? s'il les a surmontées au prix de son sang, c'est pour sauver la patrie et le Roi qu'il l'a si généreusement répandu. Laissez-le s'enivrer de liberté . . . . . ce nectar est à lui ; ce premier des biens conservera tous les autres.

dre l'état. Ce pronostic est mal fondé , et ce malheur n'est pas à craindre ; quand l'esprit public fermente dans toutes les têtes, et se développe avec énergie ; quand toutes les volontés et toutes les forces tendent à la liberté , il n'est pas à craindre que le peuple se divise en factions , et se donne à des tyrans subalternes ; c'est contr'eux qu'est dirigée l'insurrection ; les grands ont perdu leur ascendant sur le peuple ; ils le savent bien ; en méprisant leurs complots , craignons cependant les efforts de leur désespoir.

Pour se convaincre combien il importe de soutenir cette utile effervescence de l'intérêt public , comparons les prétentions du peuple à celles des grands. Le peuple demande la liberté et du pain ; les grands veulent des distinctions , des privilèges , le pouvoir pour eux et l'asservissement pour les autres ; voyez quelles sont les prétentions les plus justes ou les plus dangereuses.

Représentans du peuple , ne vous pressez pas d'établir contre lui une police prématurée qui auroit pu nous perdre ! jetez les yeux autour de vous, ce qui vient de sauver la patrie, doit aussi la conserver ; tant qu'elle aura en vous un centre d'unité , elle ne peut périr , il est vrai ; mais si la force publique cesse de vous protéger un moment , tout rentre dans la servitude.

Solon fit à Athènes une bonne loi pour des cas semblables ; elle ordonnoit à tout le monde de prendre part aux émotions populaires ; c'étoit le meilleur moyen d'en diriger les mouvemens vers l'intérêt public ou de préparer à l'État une ressource prompte et assurée contre les entreprises subites des mauvais citoyens. Nous ne voyons pas que cette loi ait eu des effets pernicieux : les circonstances sont parmi nous les mêmes, la liberté y est incessamment en péril ; qui peut prévoir les crises que des événemens inattendus , ou des conjurations nouvelles peuvent amener ? voudroit-on ôter à la Nation les ressources qui viennent de la sauver ? Il faut observer que nous ne sommes plus dans un gouvernement absolu ; où la police tient

lieu de lois et de liberté ; mais dans un État populaire, naissant, qui demande d'autres principes et un
autre régime.

Les émotions populaires sont peut-être plus dangereuses dans les provinces que dans la capitale, où les
lumières les provoquent ou les tempèrent plus à propos ; il y a un remède à cela, il est dans l'esprit de
la révolution même ; les lumières l'ont amenée, elles
doivent aussi la conduire ; que l'Assemblée adresse aux
Municipalités, un journal suivi et périodique de toutes ses opérations, pour qu'il soit régulièrement communiqué à tout le peuple assemblé ; que dans les
campagnes, il soit enjoint aux Curés, au défaut des
consuls qui ne savent pas lire, ou sur leur réquisition,
d'en faire lecture au peuple, après le service divin,
avec défense, dans ce cas, aux Curés d'ajouter ni
explications, ni gloses, ni de faire aucuns retranche-
mens, ni additions. Le peuple éclairé sera tranquille,
quand il saura ce qui se fait pour lui ; ses erreurs seules
sont à craindre ; car, jamais il n'est généralement
corrompu ; ainsi l'esprit public se répandant toujours
de plus en plus, avec l'instruction, l'intérêt particulier n'osera plus se montrer, et la vertu se fortifiera
et régira un grand peuple.

Si des idées incohérentes à une institution nouvelle,
faisoit objecter le danger de la publicité, l'objection
ne seroit pas déduite de la nature des choses ; quand
le peuple étoit assemblé sur la place ou au champ de
Mars, certainement elle n'auroit pas été proposée ;
c'est la publicité qui amène toutes les reformes
utiles.

CHAPITRE XV.

De la réformation de la Justice.

LES lois civiles, chez les Romains, ont été de tout
temps très-imparfaites, lorsqu'après l'expulsion des
Rois, la liberté fut consolidée, elles furent la plupart

abrogées (1) ; ce qui resta du droit Papirien, ne fut pas suffisant pour régir le peuple ; les lois des douze tables furent recueillies chez les étrangers, elles étoient belles, là plupart, mais les *décemvirs* qui aspiroient à la tyrannie, n'avoient garde de suivre l'esprit de la république dans leur rédaction : leurs brièvetés affectées, leur sévérité décidée, décelèrent leur intention, et donnèrent lieu à l'interprétation des prudens, et à l'édit du prêteur ; car il fallut suppléer à ce qui avoit été omis, et corriger ce qu étoit trop rigide. Ce fut l'occasion d'une infinité de commentaires et de gloses, qui, principalement sous les Empereurs, c'est-à-dire, sous un régime arbitraire, avoient produit les deux mille volumes dont furent extraits le code et le digeste ~~tribunien~~. *Tribouïen.*

Ainsi le plus bel attribut de la souveraineté des nations, passa dans les mains des Empereurs, qui décoroient leurs rescripts du titre de constitution, tandis qu'ils les vendoient à prix d'argent ; ou dans celles des jurisconsultes qui les compiloient par leur ordre. Le code, le digeste, les institutes, les novelles, le corps, en un mot, du droit écrit, qu'est-ce autre chose qu'un assemblage informe fait de main barbare, un ramas indigeste de coutumes opposées, semblables à ces édifices, où furent employés les matériaux de la belle architecture Romaine, avec les ornemens bisarres des constructions gothiques ?

La jurisprudence d'un peuple libre et éclairé, doit-elle être consignée dans un amas de ruines antiques, ou dans d'énormes bibliothèques d'édits, de déclarations, d'arrêts contradictoires, ou dans un labyrinthe de commentaires, bien plus multipliés que lors de la rédaction du digeste qui les défendit, et qui rendroit un tel ouvrage impossible aujourd'hui, quoiqu'on y mît aussi peu de méthode ? quelle utilité y auroit-il

_____

(1) Toutes les lois civiles ne furent pas abrogées par la loi tribunienne, puisqu'on voit dans les lois des douze tables, les dispositions sur les successions, dérivées de l'ancien partage des terres, et celles-là n'avoient pas une origine étrangère

d'ailleurs à se jeter dans ces ténèbres profondes et à dévorer l'ennui de cette dégoûtante érudition, qui n'aboutit qu'à laisser toutes les questions indécises, et à fournir un aliment inépuisable à la chicane ?

Tant qu'il n'y a pas eu de puissance parmi nous capable de terrasser ce monstre, il a fallu le supporter et s'agiter dans tous les sens, pour adoucir une situation pénible et désastreuse ; de-là les changemens, les suppressions, les réintégrations des tribunaux, et cette fluctuation de principes et de vues, bornées sur leur composition, qui jamais dans aucune combinaison possible, ne les auroient délivrées de cet atmosphère ténébreux, qui toujours les auroit tristement ombragées dans toutes leurs assises.

Ce n'est pas par des tempéramens que ces maux peuvent être guéris, et de tels abus réprimés, il faut que la puissance législative dise, comme celui qui est assis sur le trône de l'apocalypse, *ecce nova facio omnia*, et qu'une nouvelle création renouvelle tout à l'instant. Cette puissance restauratrice étoit seule capable de cet effort, les matériaux de l'édifice sont rassemblés autour d'elle, la base est déjà posée, c'est de la constitution que doivent dériver toutes les lois civiles, et de la liberté établie par elle, que doit suivre leur administration.

Les suppressions déjà faites, et celles que les points définis nécessitent, rameneront les lois à la plus grande simplicité, tant par le grand nombre de lois anciennes qui n'auront plus d'application, que par les objets précis de celles qui suffisent à présent.

Les différences de rang, d'origine, de condition, qui entraînoient des distinctions dans la nature des biens et des personnes, et toute la complication de la féodalité disparoîtront par des remboursemens progressifs.

Les droits d'aînesse, les retraits lignagers, les substitutions, les prélations, ne doivent plus avoir lieu, quand il importe que les fortunes se subdivisent sans cesse, pour que tout tende à l'égalité.

Les tribunaux, les matières d'attribution, quand tous les citoyens sont pairs, deviennent absurdes; qui réclamera le privilége de plaider avant de commencer le procès et d'en avoir deux au-lieu d'un ?

Les suppressions des fermes, du contrôle, et de toutes les attributions qui s'en suivent; quelle foule de règlemens, d'arrêts, de contradictions vont-elles anéantir, lorsque l'impôt territorial les aura remplacées ?

Les biens des ecclésiastiques et leurs priviléges personnels anéantis, comme il convient à la spiritualité de leur ministère, et à la tranquillité publique; l'abolition de toute juridiction contentieuse, devant eux fait disparoître le fatras du droit canonique et les querelles interminables sur les confins des deux puissances; la ligne de démarcation qu'il étoit si difficile de tracer entre elles, n'est plus nécessaire, la distance qui sépare les corps des esprits, sera celle de la puissance publique, au ministère ecclésiastique.

Tous ces objets d'une législation compliquée ayant disparu, restent les conventions matrimoniales, qu'il est facile de réduire à des règles uniformes; les minorités qui sont une suite de ce premier des engagemens civils; les successions dont il faut déterminer tous les cas, en prohibant le pouvoir de tester ou de disposer de leurs biens par donation à tous ceux qui ont des enfans, et n'en laissant la faculté qu'à ceux qui n'en ont point, ou aux célibataires, qu'il faut déclarer, en même-temps, incapables d'aucune administration publique.

C'est ainsi que les lois civiles, seront relatives à la constitution, à l'égalité qu'il faut établir, et à la liberté qui ne se maintient que par elle. C'est de la combinaison de ces deux principes élémentaires et constitutionnels, que doit résulter l'état civil.

Les achats et les ventes, les louages et les emprunts, doivent être réglés sur les mêmes principes, et ce peu d'objets comprendront dans leurs détails, toute la police d'un peuple libre, dont le modèle

existe déjà dans l'ordonnance du commerce (1),
qui plus simplifiée, et modifiée elle-même par l'esprit de la constitution, peut être le prototipe de
la grande police de l'état.

La justice criminelle a reçu sa tendance vers la
perfection qu'elle comporte, par la publicité de la
procédure, ou par le pouvoir de l'accusé de se procurer cet avantage inestimable, qui rassure l'inno-
cence, console les juges et garantit la liberté, en
maintenant la dignité du citoyen et de l'homme,
et fonde l'espoir non de l'impunité, mais de la rareté
des crimes, sous le régime de l'égalité, des mœurs
et de la vertu [*]; car le glaive des tyrans est bien
moins réprimant, que la solemnité des formes criminelles d'un peuple libre.

Convient-il que les charges soient vénales? La
manière de proposer et de résoudre cette question,

***

(1) L'ordonnance du commerce est trop rigide contre ceux
qui n'ont pas, en faveur de ceux qui ont : c'est le vice particulier de ces réglemens, et de toutes les lois sociales : il faut
l'amoindrir toujours davantage, pour tendre à l'égalité. La
sévérité contre les débiteurs insolvables, ne fera pas renaître
la bonne foi dans le commerce, la ruse est la ressource du
foible. Si vous en augmentez le nombre, en donnant une trop
grande puissance aux riches, vous multipliez nécessairement
la mauvaise foi, et l'oppression ; il ne faut faire ni l'un ni
l'autre, dans un état bien constitué. La franchise dans le commerce, s'il est possible qu'il y en ait, ne peut renaître que
de la vertu politique, dès qu'il sera honorable d'être homme
de bien, comme il l'est à présent d'être riche, (car il faut
l'être à quelque prix que ce soit pour être un homme comme il
faut, *rem facias rem.*) Alors les bassesses et les ruses seront
dédaignées, parce que l'empressement d'être riche ne sera plus
une passion si générale ni si nécessaire, quand la seule vertu
élevera le pauvre au-dessus de la fortune, et fera descendre
le riche du trône de la vanité; alors la vertu ayant son utilité et son prix, elle sera le mobile des hommes ; mais tant
que ce ne sera que l'orgueil qui les dirigera, soyez assurés
qu'il y aura des fripons, riches et pauvres, et que la vertu
sera réléguée chez un petit nombre de malheureux.

[*] Voyez --- Lettre d'un Patriote, let. 2, pag. 5.

est également frappante dans Montesquieu, et aussi propre à faire sentir la justesse d'esprit de ce grand homme, que l'absurdité du gouvernement dont il fait une si judicieuse et si fine critique. Il en résulte qu'elles doivent être vénales, dans un gouvernement, où l'on n'a nul besoin de vertu ; mais de beaucoup d'industrie pour acquérir des richesses, la seule manière de s'avancer qu'on y connoisse, et le seul motif d'acheter des charges, dont on fait comme un métier de famille, qu'on n'entreprend que pour faire valoir une propriété, qui se transmettant de père en fils, donne une sorte de stabilité et de consistance, à la plus importante des professions ; avantage qu'elle perdroit bientôt si elle étoit élective; car dit-il, *dans une monarchie où les charges ne se vendroient pas, par un règlement public, l'indigence et l'avidité des courtisans les vendroient tout de même : le hasard donnera de meilleurs sujets, que le choix du Prince :* esp. des lois, liv. 5, chap. XIX.

Il ne faut pas ajouter un seul mot ; mais il est indispensable de s'écarter pour toujours d'un aussi absurde régime. Si des suppôts subalternes, les Procureurs, sont nécessairement compris dans cette ruine, ils doivent se rendre justice en silence, et porter ailleurs leurs talens, comme les hommes prudens se hâtent d'abandonner des métiers périlleux ou mal sains, dans lesquels ils se sont inprudemment engagés. D'ailleurs la simplicité des lois amène nécessairement celle des formes, c'est même le seul moyen de délivrer notre jurisprudence de ces formules embarrassantes et ruineuses que des tarifs et des règlemens multipliés n'auroient jamais ramené à l'équité.

C'est à elle que doit être remise l'instruction des procès ; fonction honorable pour les Avocats, qui les ramenant à la pureté d'une institution patriotique, et au désintéressement de la vertu, les conduira par les suffrages du peuple, à l'éminente dignité de juge ; elle sera le prix, et la récompense de leurs travaux ; qui ne consisteront plus à des bavarderies insipides et prolixes ; mais à des instructions simples et laconiques, où les faits et les preuves seront rapportés sans emphase, sans déclamations ridicules, et intéressées.

Les citoyens ne paroîtront plus dans le temple de la justice, comme les esclaves chez le Visir du Sultan, les mains chargées de présens, ou de séduction ; mais le cœur plein de confiance dans une justice qui leur appartient, et dans des juges qu'ils ont constitués en dignité, et qu'ils respectent en s'honorant eux-mêmes.

Quand un citoyen prononce sur d'autres citoyens, au nom sacré de la justice, il est la bouche de la loi, et l'organe du souverain ; jamais il ne doit se substituer à lui, puisqu'il est son ministre ; tout jugement arbitraire, toute interprétation de la loi, doit être prohibée. Les procès ne doivent être que des questions de fait ; et les jugemens, que des applications de la loi. C'étoit un grand vice à Lacédémone, que les éphores jugeassent arbitrairement et sans qu'il y eut des lois pour les diriger ; mais il étoit compensé, par l'égalité absolue des biens et des personnes ; la règle des mœurs suffisoit alors pour les jugemens ; dans une constitution où cette égalité n'est établie que de droit, et non pas de fait sur le partage des terres, la force des choses, et le cours des passions humaines, tendent toujours à la détruire ; c'est alors que la force des lois doit toujours tendre à la rétablir ; la liberté et l'égalité, sont inséparables et se correspondent ; comme les richesses et la pauvreté s'excluent et se séparent naturellement. La législation doit éloigner de tout son pouvoir ce principe de division qui pourroit dissoudre l'état. Les degrés de juridiction, les assises des tribunaux, et leurs divisions géographiques sont bien moins essentielles, quoiqu'elles soient nécessaires. L'éducation doit être une dépendance de la législation, et en réformant les mœurs, elle sera son meilleur appui.

CHAPITRE XVI.

CHAPITRE XVI.

De l'Éducation.

Dans les pays où il n'y a pas de constitution, l'éducation est toujours relative au gouvernement ; cela
est nécessaire et invariable ; car les individus en
entrant dans l'ordre social, n'en peuvent pas changer
les rapports ; de quelle force devroient-ils être doués
pour résister au courant qui entraîne tout un peuple, et à la force directrice qui le gouverne ? Ils ne
peuvent que suivre l'allure générale, et c'est en cela
que consiste l'éducation qu'on reçoit en entrant
dans le monde, et qui ne commence qu'alors ; les
instructions qui ont précédé, n'y sont relatives que
négativement, soit par des enseignemens qui n'ont
nul rapport à l'état social, soit par des penchans
dirigés vers des objets futiles, qui laissent l'esprit et
le cœur totalement libres de se tourner vers les
objets nouveaux que le monde présente, et dont
il faut adopter les maximes.

Ainsi l'éducation des colléges et des pensions,
est exactement telle qu'il convient à des gouvernemens qui n'ont pas besoin de vertu politique ;
et les exercices dont on occupe l'oisiveté de l'enfance,
sont tels qu'il convient, ou à la servitude, où au
faux honneur qui dirige le gouvernement monarchique.

Si l'abnégation de soi-même et le dévouement à
la patrie avoient été inculqués dans l'esprit et dans
le cœur de l'enfance, l'égoïsme de l'honneur auroit
eu à les combattre, et des vertus sans objet auroient
contrasté avec l'amour des préférences et des distinctions, avec le préjugé de chaque personne et de
chaque condition ; car dans cet état de choses il ne
s'agit pas d'aimer la patrie qui n'existe pas, ni de

E

nelles.

C'est le fruit de l'éducation de nos émigrans, ils fuyent devant la liberté, comment se sacrifieroient-ils pour elle dans la disposition où ils sont de la sacrifier à leur barbare honneur, et de se dérober à la honte qu'ils trouvent dans l'égalité politique. O quel maître a dirigé jusqu'à présent notre éducation, le faux principe de l'honneur qui enseigne sans cesse ce qu'on croit se devoir à soi-même, et jamais ce qu'on doit à l'intérêt public, sophiste dangereux qui brave le devoir et les loix pour leur substituer l'amour-propre, qui trouve des motifs dans la vanité, et l'abjection dans la liberté !

La vertu est exclue de ce système d'éducation; car il ne s'agit pas de former l'homme de bien, mais l'homme de distinction, et tout est bon pour cela, les vices même y sont permis lorsqu'ils sont attachés à l'idée de grandeur et de force ; et si l'honneur y commande quelquefois le sacrifice de la vie, il y commande aussi celui de la patrie; car enfin, est-ce pour se déshonorer que les nobles conspirent contre elle ?

Si l'on veut réfléchir sur l'importance de l'éducation, les événemens, le moment pressant, les dangers qui nous entourent, sont bien propres à développer des idées utiles, qu'une constitution libre doit nécessairement amener, lorsqu'une éducation patriotique aura changé les mœurs ; il sera aussi difficile de détruire la liberté, qu'il l'est à présent de l'établir. Qu'on juge de ce que peut une institution nationale par les préjugés même qu'il faut vaincre à présent pour surmonter le mauvais pli d'une éducation vicieuse, et cette considération doit nécessairement diriger l'attention publique vers des réformes indispensables.

L'éducation ne doit être, ni abandonnée à un

faux honneur qui éloigne de toutes ses forces l'é-
galité , ni négligée dans l'enfance , pour que l'ado-
lescence soit utilement employée , ni confiée à des
régimes monastiques qui la concentrent dans le cercle
étroit de quelques institutions idiotes.

Les gouvernemens arbitraires ou despotiques peuvent s'en rapporter à l'honneur pour présider à
l'éducation , ce principe isolé convient à un régime
où personne ne doit rien aimer que soi-même , et
dans lequel l'amour du bien public pourroit bouleverser l'Etat , s'il n'étoit absurde et un objet de
plaisanterie et de dérision.

C'est autre chose dans une constitution libre qui
commande des vertus qui étonnent les petites ames,
et dans laquelle l'abnégation héroïque de soi-même
est une qualité commune que chacun doit acquérir
et posséder. Il faut pour cela des habitudes longues
et soutenues de toute la force de l'éducation ; car
il ne s'agit de rien moins que d'une préférence
continuelle de l'intérêt public au sien propre , ce
n'est qu'à ce prix qu'on acquiert la liberté et qu'on
la conserve ; la vertu seroit plus austère que n'est
dur le joug des tyrans , si la sainte image de la
liberté , l'amour de l'égalité et de la patrie , n'é-
toient continuellement excitées dans tous les cœurs
pour être leur récompense , et le moteur puissant
de toutes les actions et de tous les sentimens.

Voilà quelle doit être l'éducation d'un peuple
libre , l'institution de l'enfance tient ici à la constitution de l'Etat , et en est la partie la plus essentielle. Par elle le patriotisme passe dans tous les
cœurs ; et l'amour de la liberté , qui a secoué le
joug de la subjection avec violence , devient une
heureuse habitude , une passion nécessaire qui se
fortifie sans cesse par des actes à chaque instant
répétés ; le caractère populaire se développe et
s'affermit à chaque génération , et l'éducation donne
à toutes les ames la même forme nationale.

L'ordre de l'enseignement et des connoissances
doit lui être subordonné ; il faut premièrement

enseigner ce qui a des rapports plus immédiats avec
la patrie, l'amour de l'égalité et la vertu, les principes de la constitution et les loix, la géographie
de la France, et son histoire refondue par des
philosophes, pour qu'elle serve à apprécier la révolution présente et à la maintenir ; ces objets doivent toujours être présentés, et sous toutes les formes, dans tout le cours de l'éducation, qu'on ne
commencera donc pas par des abstractions de
grammaire et des pratiques monastiques, mais par
des principes de mathématiques, d'histoire naturelle
et des exercices gymnastiques, qui préparent la
justesse de l'esprit et la force du corps ; car il ne
s'agit pas de faire des Dervis, ni des Gymnoso-
phistes, mais des citoyens qui sachent délibérer,
et agir avec précision et vigueur.

Les théories des langues savantes viendront ensuite pour perfectionner la nôtre, et pour puiser
dans les auteurs grecs et latins les exemples de
vertu et d'éloquence patriotique ; car toutes les institutions, toutes les qualités perfectibles, doivent
tendre à l'amour de la patrie, tous les exercices
doivent l'avoir pour objet, et se faire sous sa di-
rection immédiate.

Parmi les qualités de l'enfance, il en est une
qu'il faut particulièrement conserver ; c'est cette
aimable franchise de l'égalité naturelle, si agréable
dans nos premiers ans, si analogue à l'égalité civile,
et le vrai fondement de toute sociabilité. C'est à
l'inculquer pour le reste de la vie que doit veiller
l'institution, les motifs et les moyens de développer
ce précieux sentiment se correspondent, le luxe
destructeur de l'égalité et des mœurs, les préférences de l'aveugle fortune ou de la vanité, doivent
disparoître ; et du fonds même de l'égalité doit sortir
l'émulation de la gloire.

La sainte image de la patrie, incessamment
présente, doit exalter tous ces cœurs, et la con-
tention de la vie publique doit être l'exercice de

l'enfance, pour que ce devoir des hommes formés
n'excède pas les forces de la nature.

L'importance de ces fonctions indique en quelles
mains elles doivent être remises. Dans une constitution qui n'auroit pas la vertu pour principe, elles
seroient ou chimériques, ou impossibles à remplir ;
et si elles étoient abandonnées à des mercenaires,
la constitution seroit imparfaite, et la ~~reconnois-~~
~~sance~~ de l'esprit public seroit très-douteuse.

Les détails pourroient grossir ces réflexions, si
en disant ce qu'il faut faire on n'étoit pas dispensé
de dire ce qu'il faut retrancher sur l'ancien plan,
pour le débarrasser des inutilités, des faussetés
prolixes et dangereuses, par les préjugés qu'elles
répandent, par la perte d'un temps précieux qu'il
ne s'agit plus de prodiguer, mais d'employer à l'utilité publique ; car il faut toujours procéder dans
cette analogie pour détruire et pour édifier.

C'est sur-tout dans la morale que doivent se faire
les plus grands changemens ; les principes en sont
si différens dans les Etats libres et dans les pays
du despotisme, que si l'obéissance est la même à
l'extérieur, les motifs et la fin sont absolument
contraires. L'esclave obéit en cédant à la contrainte,
le citoyen en suivant le mouvement de la vertu ;
tandis que l'un se dérobe au devoir, s'il peut éluder
le précepte, l'autre brave tous les dangers pour
l'accomplir dans son ame. La patrie commande ici
aux sentimens les plus intimes, ailleurs c'est la force
qui arrête ou qui surmonte une résistance d'inertie.
Quelle différente morale doit-il résulter de l'opposition de ces mœurs ; quelle disparité dans l'objet,
et les motifs du commandement et de l'obéissance ?
Tel l'auteur des choses emploie des moyens différens pour régir les corps et les esprits, et assigne
l'impulsion à la matière, et la liberté d'indifférence
aux agens libres, de même la nécessité et la contrainte constituent les principes moraux des peuples
asservis ; ceux des peuples libres sont fondés sur
la vertu politique.

L'institution doit toujours être dirigée par cette morale, dont les relations nécessaires s'étendent à toutes les instructions et à tous les livres qui seront mis sous les yeux des maîtres et des élèves ; les changemens nécessaires, et les nouvelles compositions qui s'ensuivent, sont indispensables ; il n'est pas jusques aux dictionnaires (1), qu'il ne soit nécessaire de refondre, soit pour effacer des termes et des façons de parler impropres et opposées à la constitution, soit pour les acceptions nouvelles, ou anciennes, qu'il faut donner ou ôter à plusieurs mots. Le vocabulaire des nations pourroit être l'encyclopédie de leurs sciences et de leur morale ; sous ce dernier rapport, le vocabulaire d'une constitution libre, doit être aussi différent de celui d'un état despotique, que les principes qui dirigent leurs gouvernemens respectifs, ou la morale qui régit les deux peuples.

Dans le gouvernement d'un seul, la plus détestable morale résulte de cet égoïsme puissant. Dans la constitution populaire, des maximes conformes à la raison, et précieuses à l'humanité, forment la morale la plus digne d'elles, la plus analogue à l'égalité primitive, et aux qualités naturelles de l'homme. Ce ressort puissamment tendu par la pression générale, produit les effets les plus constans et les plus soutenus ; les exemples des anciens peuples, sont une preuve de fait de ce qu'on peut en attendre, et leurs histoires fournissent une suite d'expériences morales, sur lesquelles on peut établir la théorie la plus certaine de l'éducation nationale. Elles n'offrent pas la même ressource pour les finances.

---

(1) Le *souverain*, par exemple, c'étoit le Roi, & dans la vérité & la raison ; c'est la nation.

Peuple, étoit une expression de mépris qu'il faut élever de nouveau, à l'acception de majesté qui lui convient.

Vertu patriotique, étoit un mot vuide de sens, qui doit en avoir un très-étendu parmi nous.

Un citoyen est un être considérable ; un bourgeois étoit moins que rien, etc.

APPENDICE

SUR L'IMPOT TERRITORIAL.

CHAPITRE XVII.

Rêve patriotique raconté en plein midi à l'Assemblée Nationale.

Quamquam ridentem dicere verum
Quid vetat . . . . q. Hor. Sat. primâ.

APRÈS avoir beaucoup parlé de l'Assemblée Nationale, je me couchai un soir, la tête pleine de mes idées, et de celles des autres que j'avois combattues ; je rêvai que j'étois à l'Assemblée, et que prenant sur elle l'ascendant de la raison, je disois.

Pensez-vous, Messieurs, que les finances soient une science bien nécessaire, et que cet objet le plus compliqué de la législation de l'Europe, ait par lui-même ce degré d'importance, que semble lui donner la pénurie des nations ou les intérêts des fermiers et des administrateurs ?

Ces questions sont elles-mêmes très-importantes, sans doute, si pour fournir aux besoins de l'état, et balancer les revenus et les dépenses, on se résout à se traîner laborieusement dans ce dédale d'obscurités et de difficultés inextricables.

C'est comme si on appliquoit aux sciences de l'Europe, la langue et l'écriture Chinoise, et qu'on voulût se servir uniquement d'elles pour le progrès des lumières, il seroit infailliblement retardé pour plusieurs siècles, et après un travail laborieux et presque mécanique, qu'il faudroit enfin abandonner ; nos savans seroient, en attendant, des gens qui sauroient lire et écrire, comme les financiers sont des gens qui savent calculer.

E iv

Les grands objets dont s'occupe l'Assemblée, ne comportent pas les petites vues des méthodes financières ; et les exemples frappans de tous les états de l'Europe, qui se sont ruinés en les suivant, doivent sans doute les faire abandonner.

L'or et l'argent, dans l'action et la réaction que leur impriment sans cesse le commerce, sont comme les courants d'une mer orageuse, dont il est bien difficile de suivre les directions dans la complication de mille causes inconnues ou mal observées.

Une puissance voisine crut faire couler chez elle un fleuve d'argent dont elle avoit découvert la source en Amérique ; et dans son cours rapide et mal dirigé, ce fleuve brûlant a desséché ces provinces abandonnées pour aller se perdre bien loin du pays auquel il étoit destiné.

Ainsi, l'expérience des Nations constate cette vérité que le produit des terres est la seule richesse réelle, et que les signes qui la représentent, sont la récompense des peuples laborieux qui fournissent les choses ; eux seuls sont puissans, quand ils savent distinguer la partie disponible de leurs richesses renaissantes ; car si l'on touche aux avances qui les ont fait naître, le produit net diminue proportionnellement, et lui seul pouvant fournir aux dépenses de l'état, il s'ensuit que toutes les impositions sont à la charge des propriétaires des terres, et que dans leurs reflets multipliés, les impositions indirectes mêmes, retombent toujours sur eux, soit en augmentation de dépense ou en diminution de revenu. Cette observation donne la base sur laquelle vous allez établir, non un nouveau système de finance, qui seroit absurde, quel qu'il fût ; mais le revenu de l'état et la prospérité publique.

A ces mots, je pars, le compas d'une main, et le catalogue de toutes les paroisses de France de l'autre ; je mesure, je calcule, je trouve que la France contient 27 mille lieues 214 toises quarrées ; et que le produit de ce territoire, peut être évalué à cinq milliards, en négligeant les fractions que je réduisis en retournant à l'Assemblée, qui en mon absence s'étoit occupée à préparer le sol, en abolissant tous les impôts, fermes, aides, gabelles, et toute la kirielle des finances.

Les esprits étoient préparés ; les préjugés avoient disparu avec les antiques erreurs ; il se fit un grand silence ; et je parlai ainsi, sans autre préambule que l'exposition du résultat de mes opérations, que chacun s'empressa, non pas de critiquer, mais de perfectionner sur les observations publiques et particulières.

Messsieurs, si Sully, qui avoit restauré la France, en protégeant l'agriculture, avoit eu le temps de sentir, par une plus longue administration, la nécessité d'abolir entièrement les impôts indirects, le ministère de Richelieu, en les doublant, n'auroit pas replongé la France dans le malheur ; ce ministre redouté, voyant la prospérité publique assise sur ses vrais fondemens, n'auroit peut-être pas pensé à les ébranler ; et Colbert se seroit probablement épargné des erreurs que compensent des succès plutôt apparens que solides, qui ont mis l'état sur le penchant de l'abyme dont il faut le retirer aujourd'hui. Pour cela, prenons pour les revenus de l'état les trois dix-huitièmes de ces reproductions, ou 833,333,331 liv.

Il restera pour les avances de la culture, ~~quinze dix-huitièmes~~, ou 3,055,555,547 liv.

Et pour les propriétaires des terres, quatre dix-huitièmes, ou 1,111,111,122 liv.

Ceux-ci auront pour eux, ou *5.000.000.000.* pour les avances de la culture, les 5 sixièmes du produit total, et seront réellement soulagés ✱ ~~col~~✱ *frais de* lecte et de contrainte, qui peuvent être évalués à plus de . . . . 50,000,000 liv.

Ajoutant à ce soulagement celui qui résulte de la suppression des fermes et régies, qui faisant entrer dans les coffres 220,342,000 liv. doivent être tribles, pour représenter la charge qui pèse sur le peuple, ce sont. . . . . 440,000,000 l.

En tout. . . . . 490,000,000 l.

Sans à ce comprendre l'abolition des tailles et impôts sur les maisons, les capitations, confections de cadastre, industrie, ect.

Ajoutant à présent au produit du sixième qui forme les revenus de l'État. . . . . 833,333,331 l.

Ceux des revenus actuels qui paroissent les plus indépendans du produit territorial, sauf à les supprimer dans la suite; comme le produit de loterie. . . . . 14,000,000 l.

Les domaines et bois . . . . 50,000,000 l.

Les capitations et dixièmes qui seront toujours retenus au trésor royal sur les pensions, ect. . . . . 6,290,000 l.

Le produit des forges royales. . . 80,000 l.

Les loyers des quinze-vingts. . . . 180,000 l.

Les intérêts d'Amérique et d'Allemagne . . . . 1,900,000 l.

Nous avons pour les revenus fixes. . 905,783,331 l.

Les dépenses se portent à . . . . 531,444,000 l.

A quoi ajoutant les salaires des ecclésiastiques, dont l'État est chargé, sauf à les réduire à la moitié ou au quart, par des réunions ou des extinctions, mais les passant à présent

pour un dix-huitième des reproduc-
tions . . . . 277,777,000 l.

Les dépenses totales se portent à. . 809,221,000 l.

Faisant sur elles les réductions ré-
sultantes de la nouvelle situation des
choses, il faudra déduire les intérêts
et fraix qui portent sur l'année 1790
et 1791 et les intérêts, et les fraix
sur la présente. . 15,800,000 l.
Intendans . . . . 1,495,000 l.
Remises en moins
   imposés, ect., 7,120,000 l.
Traitement aux
   Fermiers Gé-   55,421,000 l.
   néraux. . . . . 20,094,000 l.
Bureaux d'adjudi-
   ,cation générale. 2,048,000 l.
Encouragemens . 8,864,000 l.

Ce qui réduit les dépenses à. . . . 753,800,000 l.

Et donne un excédant de revenu de 151,983,331 l.
qui comblera bien vîte le déficit total, soit par lui-
même, soit par la diminution progressive des intérêts;
du même coup la dette nationale est consolidée, son
payement assuré, la prospérité publique établie, et
la perspective de son amélioration met le comble à la
félicité de la France, elle paie à présent, en intérêts,
rentes ou autres objets de cette na-
ture . . . . 269,036,000 l.
 Et pourvoit donc à ses besoins,
et à sa sureté au moyen de . . . . . 262,408,000 l.

Total . . . . 531,444,000 l.

C'est comme si l'ennemi avoit conquis la moitié de

ses terres, et cependant toute cette dépense mo-
dérée, pour l'entretien d'une grande puissance, con-
firme les plus grandes espérances pour l'avenir.
Quand par la suppression des 14 millions des loteries,
par des retenues sur les pensions, qui ne subsiste-
ront plus, et par la réduction des salaires des ecclésiastiques à un trente-sixième des reproductions, les
revenus publics seront réduits à 746,604,831 livres.
Quelle puissance sera plus formidable ? en fixant
alors la cotte de l'impôt territorial à un dixième des
reproductions, elle aura un revenu net de 500 millions,
et un excédant de 98,703,500 livres (1).

Alors la France, préférant un état agricole, qui
asseoit sa puissance sur elle-même, à l'incertitude des
richesses commerciales, pourroit les attendre encore
du produit de son territoire et du travail de ses
manufactures; son sol bien cultivé lui donneroit un
superflu de denrées et de matières ouvrées, dont l'impôt territorial favoriseroit la multiplication, soit par
l'aisance générale qui auroit succédé à l'embarras des
impôts, ou des subventions du commerce, soit par
la facilité d'en soutenir avantageusement la concur-
rence avec les nations voisines.

Ce superflu de richesses vraiment nationales appor-
teroit chez elle, par des voies honnêtes, ces métaux
dangereux, que le délire des nations poursuit avec
fureur dans les deux émisphères, et qui font couler
le sang des hommes pour des querelles de négoce.

Le commerce même, pris dans ce sens, auroit un
avantage moral, inappréciable, le luxe ne seroit plus
ni son aliment, ni son objet; et la ~~manière~~ scandaleuse qui en établit la nécessité seroit un paradoxe.

Car le commerce des deux Indes est peut-être
aussi nuisible que l'abus des finances à la prospérité
des Etats; sur-tout quand ils en font un objet d'administration et de politique. Si la balance, pouvoit
être égale, entre toutes les nations commerçantes;

_____

(1) Tous ces calculs sont d'après M. Necker.

la circulation des richesses et leur équilibre, auroit
son utilité, alors même il faudroit faire abstraction
des maux qu'entraînent les grandes fortunes particulières, du luxe qu'elles établissent nécessairement, de la
corruption de ceux qui en usent, et de ceux qui le con-
voitent ; il faut compter pour rien les maux, l'humanité,
les ravages, la destruction, compenser l'esclavage
de plusieurs millions d'hommes, par les commodités
ou les fantaisies de plusieurs millions d'autres, et ris-
quer la prospérité publique de l'État, si la balance
penche en faveur de son voisin ; car alors l'État obéré
se perd dans la misère, et le puissant s'abyme dans le
délire de l'ambition et de l'orgueil.

Si ces effets ne suivent pas toujours la proportion de
leurs causes, c'est qu'elles sont quelquefois compen-
sées, ou que l'effet en est retardé par une bonne
agriculture, ou par une heureuse constitution, ou enfin, par un concours de circonstances et de situations,
qui, loin de décrier l'état agricole, servent à en faire
sentir l'avantage inestimable.

Voyez l'Angleterre et l'Espagne ; la première de
ces deux puissances, par une prépondérance sentie
de toutes les nations, pensoit avoir acquis, avec le
trident de Neptune, le sceptre du monde, lorsque
dans le délire de l'ambition, provoquant d'un côté
l'indignation des puissances rivales, et poussant de
l'autre l'inquiétude de ses Colonies jusqu'à l'insurrection, elle a vu sa puissance affoiblie dans l'Inde et
sur toutes les mers, les États-Unis, démembrés de
la métropole, et une dette immense peser sur la Nation, un sol cultivé, et une constitution plus forte
que ces revers, la soutiennent, quel besoin avoit-elle
de les affronter ?

L'Espagne, pour soutenir la supériorité de son
commerce, fit tout ce qu'il falloit pour la perdre, son
système n'a pas encore changé, et sa foiblesse va
croissant ; ses nombreux troupeaux dévorent les
friches de ses provinces, autrefois fertiles, et tandis
que ce foible dédommagement d'une grande culture,
occupe ses déserts, l'or et l'argent qu'elle cultive en

Amérique et qu'elle livre à l'Europe , pour ses besoins de première nécessité, ne font qu'irriter ses désirs, sans les satisfaire , la fable de Tantale est exactement son histoire.

En dernière analyse , le commerce n'est profitable qu'aux nations qui vendent plus qu'elles n'achètent , ou qui revendent plus cher qu'elles n'achètent, cet excédant de vente ou de revente , est le bénéfice national, comparons l'un à l'autre.

L'excédant de revente peut disparoître par mille causes, et alors le numéraire de la Nation disparoît de même, et progressivement affoiblit sa culture et prépare sa ruine.

L'excédant de vente a seul un avantage constant, parce qu'il ne peut provenir que d'un superflu territorial , qui est tout profit, et ne peut exposer à aucune perte, la Nation collectivement prise.

En adoptant le projet proposé, deux nouveaux objets de commerce territorial sont offerts à l'industrie, et dans l'évaluation des avantages qui résultent de la suppression de la gabelle et de la vente exclusive du tabac, on doit compter d'abord, au profit des mœurs et de l'humanité, la suppression des brigandages et des meurtres d'une guerre ouverte entre l'autorité et la nature ; le déshonneur des familles et la vie des hommes, qu'il falloit immoler à l'intérêt d'une entreprise de fermiers, et le bien inestimable d'arrêter le crime en abolissant une loi.

Ensuite, on peut évaluer l'utilité de laisser à l'agriculture et à la main d'œuvre, des bras qui peuvent être remplacés par cette armée d'employés qu'il faut supprimer, et là convenance qu'il y a de les substituer à la milice.

Enfin on peut être assuré que la vente du sel à l'étranger fera toujours entrer dans le Royaume les mêmes sommes, et de plus considérables peut-être. Tandis que la culture du tabac, introduite en France, lui épargnera huit millions au-moins qu'il falloit faire passer chaque année en Hollande, et fournira à l'entretien de plus de vingt mille familles de cultivateurs.

On peut encore regarder comme un objet de commerce les fermes de l'impôt territorial pris en nature , qu'on se garderoit bien sans doute de mettre en ferme générale ; car quoiqu'elle ne fût pas susceptible d'extention , ni d'abus dans la perception , il sera infiniment plus utile d'en faire un moyen d'industrie , qu'il importe principalement d'encourager , à proportion qu'elle a plus de rapport à l'agriculture.

Ainsi , le bien se multipliera de lui-même , et dans ses progrès il sera même plus rapide que le mal , parce que dans la disposition des esprits il trouvera moins d'obstacles , ou qu'il aura plus d'énergie pour les surmonter.

Henri et son ministre réparèrent les malheurs de quarante années de la guerre la plus ruineuse ; que ne peut-on pas attendre aujourd'hui de leurs dignes émules , et des efforts du patriotisme d'une Nation qui se renouvelle dans un siècle de lumières ; et qui , reprenant sous un Roi juste ses droits à la liberté et son pouvoir législatif , prépare la plus belle et la plus sage constitution , et plus heureuse que ses voisins ne l'asseoit pas comme eux sur le sang et la violence , mais sur les fondemens inébranlables du droit naturel , de la raison et de l'équité (1).

Mais , convient-il d'abandonner le commerce étranger et la navigation , nos colonies et notre

---

(1) Ceci étoit écrit avant que les derniers efforts d'une olygarchie expirante fussent venus se briser contre la puissance législative. Cette réaction d'une puissance , qui jamais ne peut être anéantie que l'Etat ne le soit aussi, (parce que c'est celle du peuple,) a tout fait rentrer dans le calme, et tout réuni dans l'amour de la patrie et du Roi ; effet admirable d'un pouvoir qui n'a besoin pour lui , ni d'excès , ni de violence, et qui de sa nature les réprime ou les prévient, en ne faisant parler que les loix , et ne laissant agir que l'intérêt public.

rang de puissance maritime ? le rapport de ces choses est bien intime sans doute , mais elles ne sont pas identiques. Si un Etat n'avoit rien de tout cela , et que dans un grand et fertile territoire il trouvât l'entretien d'une nombreuse population , et un superflu de richesses territoriales qu'on viendroit lui acheter , que manqueroit-il à son bonheur s'il étoit assez sage pour ne pas l'échanger contre des matières de luxe , et si une constitution libre , c'est à-dire puissante , le mettoit à l'abri de toute incursion ? Ce seroit le cas de tous les peuples des Indes , si une existence morale leur faisoit sentir à cet égard le bien de leur existence physique. Car , d'ailleurs la navigation et la puissance navale ne tiennent pas inséparablement au commerce. Rome ne fut jamais marchande , et quand elle le voulut elle fut une puissance maritime. Nous protégerions nos Colonies comme elle protégea les siennes ; nous ferions encore mieux , nous les unirions à nous par les liens fédératifs , ou nous ne nous occuperions d'elles que pour leur indépendance. Et quand une longue prospérité auroit produit parmi nous un excès de population , nous irions chercher les terres australes pour faire des heureux et constituer des Etats libres. C'est bien alors que l'on verroit se vérifier , pour la première fois peut être , la maxime de Montesquieu , et que la conservation seroit l'objet de la conquête , si l'on peut appeler de ce nom l'invitation que nous irions faire faire aux aborigènes du midi , d'échanger s'il se peut les biens de la liberté naturelle pour les avantages de la liberté politique , et de profiter de nos lumières , ou de nous communiquer les leurs.

Ce ne seroit plus alors un Etat de guerre , un commerce d'intérêts , mais de fraternité , d'amour et de liberté , qui uniroit l'Univers. Cette perspective de bonheur me fit trémousser de plaisir , et je m'éveillai....Puisse l'heureux effet de l'impôt territorial causer à la France une aussi délicieuse émotion !

Si

Si on avoit bien envie de critiquer ces idées, l'inexactitude des quantités précises pourroit en fournir une ample matière ; mais si la solution est générale, les quantités numériques viennent ensuite s'y appliquer d'elles-mêmes, et le problême n'en est pas moins résolu.

P. S. Pour rejeter l'impôt territorial, tandis que l'abolition des dîmes ecclésiastiques en favorise merveilleusement l'application, il faudroit qu'il fût démontré que les reproductions ne se portent pas à cinq milliards ; et qui mieux que l'Assemblée Nationale peut acquérir des renseignemens certains à cet égard, et se mettre sur la bonne voie ?

Quand les reproductions ne se porteroient qu'à quatre milliards, comme il a été dit à l'Assemblée lorsque la contribution patriotique a été décrétée, le huitième pris en nature donnera 500 millions, qui suffisent assurément ; tandis que d'un autre côté la vente des biens repris sur les ecclésiastiques, qu'on évalue à deux milliards et démi, l'argenterie des églises dont il faut ordonner la livraison, et la contribution patriotique, éteindront la dette publique, et rétabliront la circulation.

D'ailleurs s'il y a de l'incertitude sur la somme des reproductions, il n'y en a point que toutes les impositions quelconques ne soient payées par elles ; c'est une chose démontrée, et une vérité de fait que l'épuisement général atteste. Pourquoi donc ne pas adopter un régime qui procure un revenu constant, et un soulagement réel de 500 millions, dont la surcharge épuise les reproductions, et les empêche de naître ?

Il faut le dire quand le patriotisme l'ordonne, l'Assemblée Nationale semble se laisser égarer dans le dédale des finances ; un grand Etat agricole n'est pas une société de banque, d'autres principes et un autre régime lui sont nécessaires.

F

F I N.

TABLE DES CHAPITRES.

ERRATA.

PAGE 3, ligne 13, *actions*, lisez *nations*.
Même page, ligne 34, *décore*, lisez *dévore*.
Page 4, ligne 14, *mais si tout l'univers étoit sous le joug*, lisez *tout l'univers fût-il sous le joug.*
Idem, ligne 15, *le tint asservi*, lisez *le tint-il asservi.*
Page 6, ligne 1, *publicistes*, lisez *plébiscites.*
Page 7, ligne 5, *ces députés*, lisez *nos députés.*
Page 8, ligne 12, *heureux de leur bonheur*, lisez *heureux de son bonheur.*
Page 9, ligne 30, *se pervertir*, lisez *le pervertir.*
Idem, ligne 31, *de changer*, lisez *de le changer.*
Page 11, ligne 13, *se promener*, lisez *le promener.*
Idem, ligne 18, *ce sauvage*, lisez *le sauvage.*
Même page, ligne 21, *propriétaire*, lisez *prolétaire.*
Page 14, ligne 10, *action*, lisez *nation.*
Page 15, ligne 26, *actions*, lisez *nations.*
Page 30, ligne 30, *individuelle*, lisez *indivisible.*
Page 42, ligne 8, à la note, *vérités*, lisez *ventes.*
Page 46, ligne 15, à la note, *vérité*, lisez *vertu.*
Page 51, ligne 10, *comme du gouvernement*, lisez *comme dans le gouvernement.*
Page 52, ligne 33, *les emprunts*, lisez *ses emprunts.*
Page 59, ligne 15, *tribuniens*, lisez *triboniens.*
Page 66, ligne 12, *et le faux*, lisez *faux.*
Page 69, ligne 8, *reconnoissance*, lisez *renaissance.*
Page 73, ligne 28, *quinze dix-huitièmes*, lisez *onze dix-huitièmes.*
Idem, ligne 32, mettez à l'addition 5,000,000,000.
Page 74, avant la première ligne, ajoutez, *De l'autre part* . . . . 50,000,000.
Page 76, ligne 31, *manière*, lisez *maxime.*